EXAMEN CRITIQUE

DU

CODE DE PROCÉDURE CIVILE

DU ROYAUME D'ITALIE.

Extrait de la *Revue de Droit international et de législation comparée.*

EXAMEN CRITIQUE

DU

CODE DE PROCÉDURE CIVILE

DU

ROYAUME D'ITALIE.

ÉTUDE DE LÉGISLATION COMPARÉE, 

PAR

ALBÉRIC ALLARD,

Professeur ordinaire à la faculté de droit de l'Université de Gand, rapporteur de la commission
chargée par le gouvernement belge de préparer la révision du code de procédure civile.

GAND,   PARIS,

H. HOSTE, ÉDITEUR.   DURAND ET PEDONE LAURIEL.

GAND, IMPRIMERIE DE I.-S. VAN DOOSSELAERE.

1870.

PREMIÈRE PARTIE.

—

La réforme des institutions judiciaires, et spécialement de la procédure civile, est à l'ordre du jour en Belgique, en France, en Hollande [1] et dans les États confédérés de l'Allemagne du Nord. L'importance d'un semblable sujet peut se passer de démonstration. La procédure civile, en effet, est la mise en œuvre des principes régulateurs du droit civil. Le savant Meyer a même affirmé, dans l'introduction de son grand ouvrage, que les lois qui gouvernent cette partie de la science sont les plus essentielles de toutes. C'est là, sans doute, une exagération : cet auteur perd de vue l'influence éminemment préventive d'un bon système de lois

---

(1) Pour satisfaire aux prescriptions de la Loi fondamentale, le Roi Guillaume avait fait travailler activement à la révision des Codes français. Les différents titres destinés à former le Code de procédure civile avaient déjà été insérés au Journal Officiel; le Code était achevé et publié à La Haye, quand éclata la révolution de 1830. Reconstituée sur de nouvelles bases, la Hollande fut dotée, en 1838, d'un Code national, dont la révision s'élabore en ce moment. Un avant-projet, divisé en 5 livres, vient d'être soumis au Conseil d'Etat par MM. Olivier et Borrel, successivement ministres de la justice.

civiles et pénales. Quoi qu'il en soit, il m'a paru intéressant de faire connaître aux lecteurs de la *Revue*, la législation la plus récente en cette matière, en l'accompagnant de vues critiques, et en mettant en relief ses dispositions fondamentales.

On peut dire avec assurance qu'en ce moment la législation civile du royaume d'Italie l'emporte sur celle de toutes les autres nations. Le nouveau Code civil, promulgué par Victor-Emmanuel et mis en vigueur depuis le 1er janvier 1866, a vivement ému l'opinion du monde savant : son incontestable supériorité sur le Code Napoléon (auquel, du reste, il a également fait de nombreux emprunts) a été mise en relief par les travaux de plusieurs jurisconsultes français [1]. Le Code de procédure civile, mis en vigueur à la même époque, n'a pas eu, que je sache, cette bonne fortune.

Les défectuosités sans nombre du Code impérial de 1806, qui régit encore à l'heure qu'il est, la France et la Belgique, ne sont un mystère pour personne. Qui ne sait, en effet, que cette œuvre législative est, tout simplement, une édition revue et fort peu corrigée de l'Ordonnance d'avril 1667? En haine de la philosophie du XVIIIe siècle et du régime fondé trop précipitamment par la Convention nationale, ses rédacteurs ont voué une sorte de culte au fisc et aux praticiens.

Ce n'est pas d'aujourd'hui que l'on cherche dans les différents pays où ce Code a été introduit, à secouer un joug odieux, imposé par la conquête. Le grand-duché de Toscane, le premier, donna l'exemple. Dès le 11 novembre 1814, paraissait à Florence un *Règlement sur la procédure civile* [2] qui, sans doute, est bien imparfait, mais qui, du moins, avait le mérite de constituer un essai de législation nationale. Peu de temps après, le 28 septembre 1819, le canton de Genève eut son tour, et *la Loi sur la procédure civile* alors promulguée, et précédée d'un lumineux rapport du professeur Bellot, est digne encore d'exciter toute notre admiration [3]. Ces travaux furent promptement connus en France. Carré et Boncenne en ont largement profité dans leurs commentaires.

Le 6 juin 1820, la duchesse de Parme, Plaisance et Guastalla, sanc-

---

(1) MM. Huc, Paul Gide, Boissonade. Pourquoi faut-il que, cédant à l'influence française, le législateur italien ait consenti à abolir le divorce? Cette mesure réactionnaire dépare son œuvre, d'ailleurs si remarquable.

(2) Edit. auth., in-4o à 2 colonnes, 1134 articles. Ce règlement est divisé en 5 parties ; il est peu méthodique.

(3) Le rapport s'arrête malheureusement au tit. XXVI. Deux éditions du Code et du Rapport ont été publiées, l'une à Paris, dans la collection de Victor Foucher, l'autre à Genève en 1837. Le Code du canton de Vaud, promulgué en 1824, révisé en 1847, ne peut nous fournir aucune lumière.

tionna pour ses États un nouveau Code de procédure civile, qui mérite également une mention fort honorable, pour le talent et l'intelligence qui ont présidé a sa composition [1].

Mais c'est surtout depuis une vingtaine d'années que le mouvement qui finira par emporter l'œuvre vieillie et surannée de 1806, s'est déclaré avec force. Même en France, des travaux considérables ont été entrepris ; mais jusqu'ici, ils ne sont guère sortis du domaine de la théorie. En 1851, l'Académie des sciences morales et politiques mit au concours la question des réformes à opérer dans la procédure civile. Trois mémoires furent bientôt imprimés : celui de M. Raymond Bordeaux, bâtonnier de l'ordre des avocats à Évreux, qui obtint le prix, se recommande par une foule de vues spéculatives. Celui de M. E. Regnard est surtout pratique. Quant à l'ouvrage de M. Seligman, alors juge à Chartres, il est infiniment plus faible [2].

Vers la même époque, l'Espagne et la Sardaigne révisèrent cette partie de la législation. Dans le décret du 13 mai 1855, par lequel les Cortès fixèrent les bases du système, se retrouvent les vrais principes de la matière : introduire les réformes que conseillent la science et l'expérience, détruire les abus introduits par la pratique, abréger les délais, procurer la plus grande économie possible, introduire la publicité dans l'administration des preuves [3]. Si, dans les détails, le Code espagnol n'a pas toujours tenu tout ce que promettaient ces déclarations fondamentales, il n'en est pas moins vrai qu'en plusieurs parties, il peut être consulté avec avantage.

Le travail effectué en Sardaigne, et qui produisit le Code du 16 juillet 1854, était annoncé comme essentiellemeut provisoire. Il devait être révisé dans la session législative de 1858. Chose rare ! cette promesse du législateur fut scrupuleusement tenue, et le 20 novembre 1859, fut promulgué le nouveau Code. Cette révision avait généralement porté sur des questions

---

(1) Divisé en 4 livres : 1162 articles, plus 13 dispositions transitoires. — Réimprimé à Parme en 1835 avec notes (in-12 de 351 pages plus l'index). — Citons pour mémoire le Code Napolitain de 1819, bientôt révisé, pour la matière des saisies immobilières.

(2) Depuis, M. Lavielle, conseiller à la Cour de cassation de France, a publié dans la *Revue critique* une série d'études, bientôt réunies en volume (1865).

(3) *Ley de enjuiciamiento civil*, édicion oficial. (Madrid, 1855, in-8, VIII-282 pages). Ce Code est, comme le nôtre, divisé en deux parties, et comprend 1415 articles. C'est le plus étendu que je connaisse ; mais il s'y trouve mélangé beaucoup de matières de pur droit civil. De plus, il est des règles répétées à satiété. — Le décret du 5 octobre 1855 a fixé au 1er janvier suivant, la mise en vigueur du nouveau Code.

de détail, mais cependant aussi, en quelques parties, sur des questions de principes.

Tels étaient les documents que le passé léguait au législateur italien, au moment où il se mit à l'œuvre. Nous verrons, dans le cours de cette étude, comment il en a tiré parti.

II.

Le Code de procédure du royaume d'Italie est précédé d'un exposé de principes, fait par M. G. Vacca, alors garde des sceaux.

Le rapporteur constate l'extrême variété des formes judiciaires autrefois en vigueur dans les différentes parties de la péninsule. Il ne craint pas de signaler dans l'ancienne procédure une fiscalité exagérée, et une multiplicité fâcheuse de formalités; il l'accuse de se prêter aux combinaisons de la mauvaise foi, et de décourager l'honnête homme : « si bien, dit-il, qu'on peut condamner les systèmes en vigueur, comme manquant des conditions pour que le but du législateur soit atteint, conditions qui se réduisent à deux : une grande célérité au cours de l'instance, peu de frais pour les parties contendantes. »

Dans la séance du Sénat, du 26 novembre 1863, le ministre de la justice Pisanelli avait déposé un projet de Code. Le Sénat s'empressa de nommer dans son sein une commission, dont les travaux furent malheureusement interrompus par les événements politiques.

La loi du 2 avril 1865 (art. 2) conféra au gouvernement le pouvoir de publier le Code présenté au Sénat, avec les modifications reconnues nécessaires par l'adoption d'une nouvelle législation civile.

Le garde des sceaux se mit immédiatement à l'œuvre; il fit appel aux lumières d'une nouvelle commission, composée de l'élite des jurisconsultes du royaume et de membres du parlement. Pour faciliter le travail (qui fut achevé en moins de trois mois), une série de questions fut préparée; et elle a servi de thème, avec les documents parlementaires, aux délibérations de la commission.

« En mettant la main à l'œuvre de l'unification législative, continue le rapport, la prudence commandait de tenir grand compte de la variété des systèmes et des institutions, de respecter, jusqu'à un certain point, les habitudes, les coutumes et les conditions spéciales des diverses parties de l'Italie. On a donc, au moyen de cette étude comparative, réalisé un sage éclectisme, et l'on s'est arrêté à un système qui atteint le grand but de la codification, sans tomber dans l'exagération d'une symétrique uniformité. »

Telles sont les considérations générales qui précèdent l'analyse des dispositions essentielles et novatrices du nouveau Code.

Le Code italien comprend trois livres et un titre préliminaire. Ses dispositions sont distribuées sous 950 articles. On a donc réussi à réduire d'un dixième environ le chiffre total des articles qui figurent au Code de 1806, tout en ayant compris dans le cadre du travail les règles de la compétence et du recours en cassation, ainsi que bon nombre de dispositions de procédure éparses dans notre Code civil. Mais, d'autre part, les articles adoptés sont fréquemment d'une longueur démesurée et embrassent plusieurs prescriptions distinctes, de sorte que, tout compte fait, l'étendue des deux Codes est à peu près la même. Je crois, du reste, devoir reprocher au Code italien, des répétitions inutiles, l'abus des renvois et de la formule : « à moins que la loi n'en dispose autrement, » — formule bonne dans une Constitution, mais tout à fait oiseuse ici, puisque le législateur ne peut jamais se lier les mains, et que, d'après les principes élémentaires de l'interprétation, une disposition spéciale déroge nécessairement à une disposition générale.

La division des matières est nette, méthodique et prise de la nature des choses. Le livre Ier renferme toute la procédure contentieuse proprement dite ; il correspond aux quatre premiers livres de la 1re partie du Code français. Le livre II s'occupe de l'exécution forcée des jugements et actes authentiques (1re partie, liv. V, du Code français). Enfin le livre III traite des procédures spéciales, et tout particulièrement de la procédure gracieuse (2e partie du Code français).

III.

Le titre préliminaire est consacré à l'exposition des règles de la *conciliation* et du *compromis*. Telles sont, avec la *transaction* qui appartient au droit civil, les voies ouvertes à celui qui veut mettre en pratique le vieil adage : *mauvais accommodement vaut mieux que bon procès*. C'est un excellent début pour un Code de procédure que de mettre les parties en garde contre un trop facile entraînement à profiter des ressources de tout genre que la loi a bien dû offrir aux plaideurs, mais dont elle verrait sans regret l'abandon. « C'est là, disait le rapport du garde des sceaux, comme le vestibule de l'édifice. Autant il est nécessaire que la loi empêche les citoyens de se faire justice de leurs propres mains, autant il importe que la raison publique n'intervienne que subsidiairement, à défaut d'autres moyens volontaires, propres à prévenir ou à faire cesser les procès, qui sont par eux-mêmes une cause de perturbation pour le bien-être social. »

Le Code italien ne connait plus le préliminaire forcé de conciliation, que déjà, du reste, le Code sarde avait supprimé. Cette conception, empruntée par l'Assemblée constituante aux idées philosophiques du XVIIIe siècle, était, en effet, très malheureuse. Religieusement conservée, malgré son peu d'utilité pratique, par les diverses Constitutions françaises qui se succédèrent de 1791 à l'an VIII, elle ne dut son droit de bourgeoisie dans le Code de 1806 qu'à la crainte éprouvée par le législateur de violer une règle du pacte fondamental. On sait d'ailleurs que l'expérience tentée depuis lors n'a pas été favorable à l'institution. Les avocats, en Belgique et en France, s'ingénient à trouver des subterfuges pour s'affranchir de cette entrave, et ils n'ont pas tort. L'accès des tribunaux ne doit-il pas être franchement ouvert aux plaideurs? La société n'est-elle pas plus satisfaite d'un débat loyal suivi d'une décision judiciaire, que de ces pénibles efforts de conciliation, qui souvent n'aboutissent qu'à des frais, à des lenteurs?

Ce n'est pas à dire que la médiation toute volontaire d'hommes éclairés et honorables soit à dédaigner. Le législateur italien l'a compris. Il engage les parties à se présenter devant les *conciliateurs*, mais il ne leur en fait pas une obligation. Le Rapport signale très-nettement la différence du nouveau régime et de l'ancien. De plus, quand cette tentative a lieu, elle est gratuite, immense avantage sur le système français, qui impose la rédaction et la signification d'un long et coûteux procès-verbal.

Le principe de la conciliation facultative est absolu en Italie. On n'a pas jugé à propos d'introduire l'exception déposée à l'art. 5 de la loi genevoise, pour les procès entre époux ou entre proches parents. Cependant cette idée est bonne, elle n'est que la généralisation de la disposition du Code Napoléon, qui veut la médiation préalable du président avant l'intentement de l'action en divorce. La société est profondément affligée de voir un époux, un fils, un père, traîner devant les tribunaux ceux que la nature lui commande d'aimer et de respecter.

Le Code italien n'avait aucun emprunt à faire à la Loi française du

2 mai 1855, qui défend aux huissiers de citer devant le juge de paix, avant que ce magistrat ait appelé sans frais les parties devant lui. L'art. 133 du Code autorise la citation devant le conciliateur ou devant le *préteur* (jusqu'à la valeur de 100 livres) *par simple billet;* les frais d'huissier sont donc évités d'une manière normale dans les affaires de minime importance (V. au surplus art. 417 et 418 du Code).

Si la conciliation a lieu, un procès-verbal en est dressé (art. 6), mais quel en sera l'effet? L'art. 7 fait une distinction que je ne puis approuver. On connait l'art. 54, § 2 du Code de 1806 : « Les conventions des parties insérées au procès-verbal, ont *force d'obligation privée.* » On sait comment cette disposition a passé dans la loi : c'est par une crainte puérile de voir les parties simuler un procès, s'accorder ensuite devant le juge de paix, et éviter ainsi l'intervention d'un notaire, dans les cas où cette intervention serait obligatoire. Le Code hollandais en est revenu aux principes, en donnant au procès-verbal de conciliation la force d'un acte authentique. Et, en effet, est-il rien de plus authentique qu'un document passé en présence du juge et du greffier, et signé d'eux?

Sans doute, il est permis de critiquer cette confusion de pouvoirs ; mieux vaudrait peut-être laisser à chacun son rôle : au juge la mission de concilier les parties, au notaire celle de dresser acte de leurs conventions. Mais, du moment qu'on fait intervenir le magistrat, il faudrait être logique et ne pas considérer sa signature comme celle d'un simple particulier. Cette logique a manqué au législateur italien ; il a entrevu la vérité, mais ne lui a donné satisfaction qu'en partie. Il distingue, selon que la valeur du litige dépasse ou non trente livres. Au second cas seulement, le procès-verbal a force exécutoire et peut être délivré dans la forme des sentences. Peut-être cette distinction tient-elle aux règles de la compétence du conciliateur (art. 70), mais cette justification ne me paraîtrait pas suffisante, car, ici, ce n'est pas un acte de juridiction contentieuse qui est demandé, c'est purement et simplement une sanction légale des arrangements des parties.

Quant aux essais conciliatoires qui sont fréquemment tentés avec succès devant les tribunaux de France et de Belgique, le Rapport fait connaître qu'on n'a entendu les permettre qu'au préteur (v. art. 417), à cause du caractère tout paternel, tout familier de sa juridiction. « On a craint, a dit M. Vacca, que, dans ces épreuves préliminaires, le magistrat fît pressentir son opinion, ce qui le rendrait suspect. » Je ne puis partager ces appréhensions ; aucun inconvénient n'a été signalé jusqu'ici, et les

Codes de Genève et de Hollande ont même pris une série de dispositions pour réglementer l'exercice de ce pouvoir de conciliation déféré aux tribunaux dans les causes dont ils sont saisis. Bien des procès ont été transigés de cette manière.

Un dernier mot sur ce 1ʳ chapitre. Le Code italien n'est pas tombé dans la même erreur que le Code français, au sujet de la prétendue inutilité de la conciliation quand, parmi les parties en cause, se trouvent des incapables ou des personnes civiles. La conciliation est toujours possible. Seulement, pour qu'elle produise tout son effet dans ce cas, il faut remplir les formalités légales prescrites par le Code civil pour la validité des transactions (v. par exemp. C. civ. fr., art 467).

IV.

Le chapitre du *compromis* n'est pas aussi heureusement conçu. C'est d'ailleurs la reproduction presque littérale du tit. XIV, liv. VII du Code Sarde (art. 1103-1135) [1]. On n'a pas su, dans cette matière délicate, s'affranchir des principes du Code français, qui pourtant, de l'avis de tous les jurisconsultes éclairés, sont essentiellement vicieux, et ont engendré un nombre infini de procès, alors que leur but était précisément d'en tarir la source. C'est ainsi que des recours de tout genre sont ouverts contre la sentence arbitrale ; appel, demande en révocation, recours en cassation, action en nullité, alors que, logiquement, cette dernière voie devrait suffire à elle seule, puisque le compromis est un contrat dont la sentence est simplement l'exécution. Le maintien de ces voies de recours multiples nécessite une foule de distinctions (art. 28-31, 84-85, 87), et amène des difficultés de compétence, parfois inextricables. Pour moi, je voudrais voir disparaître toutes ces complications inutiles : l'arbitrage est une mission de confiance ; or, la confiance ne se marchande pas. Il faut que les parties s'en rapportent absolument à la décision des juges de leur choix ; sinon la constitution du tribunal arbitral n'aura servi qu'à grossir

---

(1) Le Code sarde de 1854 a 5 livres et un titre préliminaire (1140 articles), celui de 1859 a 7 livres (1175 articles). Tous deux ont été officiellement traduits en français. Il en est autrement du nouveau Code italien, par le motif qu'il a été promulgué, après la cession de la Savoie et de Nice. A défaut d'autre indication, mes citations se rapportent au Code sarde de 1859, et non à celui de 1854. — Comparez sur le Compromis, le tit. 1ᵉʳ, liv. 1ᵉʳ du Code de Parme (art. 5-47).

la liste déjà si longue des juridictions spéciales ; on obtiendra des arbitres une sorte de passe-port pour se rendre ensuite devant les tribunaux. Avec de telles données, ne serait-il pas vrai de dire avec Monnier que l'arbitrage est la satire de l'autorité judiciaire ? Si, au contraire, on l'envisage, ce qui est exact, comme une véritable transaction par mandataires, maintenir l'institution sera rendre hommage à la liberté des conventions. Le début du chapitre faisait espérer mieux, car les art. 8 et 9 avaient assimilé complètement le compromis à la transaction, pour son objet et la capacité des parties contractantes. Il est regrettable qu'on n'ait pas suivi cette idée féconde et juste, dans ses conséquences les plus naturelles.

Une autre querelle que je ferai à notre chapitre, c'est d'avoir maintenu intacts les art. 1019 et 1021 du Code français (voir les art. 20 et 34 *in fine* du Code italien). Imposer aux arbitres l'observation des règles de droit, c'est méconnaître le caractère de leur mission. Si les parties veulent qu'on applique la loi à la rigueur, c'est aux tribunaux qu'elles doivent s'adresser. En constituant des arbitres auxquels elles demandent jugement, ne reconnaissent-elles pas à ces juges privés le pouvoir de consulter l'équité, et de tenir compte de toutes les circonstances du fait, pour arriver à une solution satisfaisante pour tous ? D'un autre côté, vouloir soumettre à l'*exequatur* du président, toute sentence préparatoire ou interlocutoire, c'est entraver à plaisir la marche du procès arbitral, c'est grever les parties de frais considérables, et leur susciter des embarras de tout genre. Le Code italien a même ici enchéri sur les vices de son aîné, car il accorde un nouveau délai de quatre-vingt-dix jours après chaque sentence prononcée dans le cours de l'instruction. N'est-ce pas mettre les parties à la merci des arbitres ? Il leur suffira donc d'ordonner une mesure quelconque, même inutile, pour doubler ou tripler le délai qui leur avait été imparti par la volonté formelle de leurs mandants !

Considérant le tribunal arbitral comme une vraie juridiction, l'article 10 interdit (et en cela il est logique) les fonctions d'arbitres aux femmes, aux mineurs, et à ceux qui seraient exclus de l'office de juré, par une condamnation pénale (1). On sait que, dans le silence du Code de 1806, cette question des conditions d'aptitude à exiger des arbitres, est vivement controversée en France et en Belgique. Pour moi qui ne vois dans les arbitres que des mandataires, je me

(1) Mais pourquoi l'art. 10 admet-il en même temps les étrangers ? — Add. C. sarde, art. 1103.

prononce contre toute incapacité (voir Code civil français, art. 1990).

Enfin, je constate avec un très-vif regret le maintien dans la législation italienne de la clause compromissoire (art. 12). Je n'ai pas le dessein de traiter ici la grave question que soulève la validité de cette clause [1]. Qu'il me suffise de dire que si, en droit, la controverse peut être sérieuse, en législation elle ne l'est pas. On ne conçoit pas un engagement illimité de déférer des contestations futures à des arbitres inconnus. Un tel engagement paraît tout-à-fait contraire à l'essence même du compromis. Le Code de commerce italien ayant supprimé l'arbitrage forcé, je ne comprends plus l'art. 12 [2]. Faire intervenir l'autorité judiciaire dans la nomination des arbitres, c'est enlever à cette institution son principal attribut : la confiance des plaideurs. Je n'ai pas à dire, en ce moment, combien les clauses compromissoires ont fait de victimes. Personne n'ignore ce fait que les compagnies d'assurances les insèrent invariablement dans leurs polices et que les assurés les ayant ainsi acceptées, à leur insu, se trouvent plus tard livrés à des juges privés qui, trop souvent, sont dans les intérêts de la compagnie. Le Rapport ne s'est pas donné la peine de justifier l'art. 12; il s'est borné à dire que les contrats passés quotidiennement par les administrations publiques contiennent la clause compromissoire, et que, partant, elle doit être approuvée par la loi. Or, ce n'est point là une raison. D'abord, l'État, en insérant cette clause dans ses contrats, fait acte de défiance tout-à-fait inexplicable envers les tribunaux que lui-même a institués. De plus, tout porte à croire que les concessionnaires ou adjudicataires sont, encore une fois, liés à leur insu par un pacte de ce genre. Dans leur empressement d'être préférés à leurs concurrents, n'est-il pas vrai qu'ils souscrivent, les yeux fermés, à toutes les conditions accessoires qu'il plait à l'administration de leur imposer ?

Mais, laissant de côté ces critiques, je reconnais que le chapitre que j'examine ici, a introduit dans la matière quelques améliorations de détail. La plus sérieuse, sans contredit, c'est d'avoir exigé qu'on nommât les arbitres en nombre impair (art. 8; — Code sarde, 1104). Ainsi, sont évités les partages, cette lèpre de l'institution. De plus, on a pris (dans les art. 17

---

(1) Voir sur ce point une dissertation que j'ai publiée dans la *Belgique judiciaire*. XXII, 1169.

(2) Il est vrai que la commission belge chargée de réviser le Code de commerce, tout en abolissant l'arbitrage forcé, a émis l'avis que la cause compromissoire resterait valable ; mais la question n'a pas été discutée dans son sein.

et 18) le contre-pied des art. 1009 et 1011 du Code français. Les arbitres ne sont plus soumis aux formes de la procédure, ils peuvent déléguer à l'un d'eux les actes de l'instruction, sans y avoir été autorisés par les parties. Cependant, il est étrange de lire dans l'art. 17 : « Les parties peuvent en convenir autrement. En ce cas, les arbitres doivent se tenir aux formes et délais indiqués expressément dans le compromis. » Pourquoi, encore une fois, donner une telle latitude aux plaideurs, et comment d'ailleurs concevoir cette énumération détaillée de formes et de délais de procédure, par des personnes qui, presque toujours, sont complètement étrangères à la pratique judiciaire?

En résumé, dans ce chapitre, le législateur n'a pas franchement innové. Il a timidement tenté quelques essais, mais chaque disposition porte l'empreinte de son hésitation. Il n'a pas adopté un principe dirigeant; il n'a réussi qu'à atténuer, dans une proportion modeste, les défauts de l'œuvre qui lui a servi de modèle. Un reproche du même genre pourrait d'ailleurs être adressé à la Loi genevoise et au Code hollandais. Pour adopter dans ces termes l'institution de l'arbitrage, il était inutile de le faire figurer au début du Code (comme le faisait déjà le Code de Parme); mieux eût valu dès-lors, le reléguer à la fin, comme on l'avait fait en 1806. A cette époque, le législateur s'était lui-même rendu justice, rien que par la place assignée aux arbitrages. Le Code sarde n'y avait rien changé. L'Italie n'a pas montré le même courage.

V.

Le titre 1er du premier livre est intitulé *Dispositions générales* (voir Code français, art. 1029-1042; Code sarde, art. 1136-1172). La plupart de ces règles n'offrent aucune difficulté. Il en est ainsi des définitions et principes formulés dans les art. 35-38, empruntés euxmêmes à la Loi genevoise (art. 1-4), et qui appartiennent plutôt à la doctrine qu'à la législation.

L'art. 40 contient une innovation importante. Chez nous, quand les parties ont élu un domicile pour l'exécution d'un acte, les exploits sont remis à ce domicile, sans qu'on ait à se préoccuper du point de savoir s'il s'y trouve un mandataire de la personne assignée. Cette marche présente de graves dangers, dont le législateur italien a

rendu le retour impossible. Il distingue si le domicile a été élu purement et simplement, ou avec désignation d'un mandataire. En ce
dernier cas seulement, les exploits peuvent être remis au domicile
élu, pourvu d'ailleurs que le mandataire ne soit pas décédé. Il excepte
d'ailleurs le cas où l'exploit serait notifié à la requête de la personne
même chez laquelle a été faite l'élection de domicile (art. 140). De
cette manière, il n'y a plus à craindre de surprise.

Je n'approuve pas la distinction faite par l'art. 42 entre les noti-
fications et actes judiciaires d'une part, et les actes d'exécution d'autre
part. Traitant de la question de savoir si l'huissier peut instrumen-
ter un jour de fête, le législateur n'interdit que les actes d'exécution
proprement dits [1], à la différence de notre art. 1037. C'est là une
conception malheureuse empruntée au Code sarde (1140). Le but de
la défense n'est pas de respecter un jour consacré, c'est tout simplement d'avoir égard à la présomption que les parties ne se trouvent
pas à leur domicile, ni personne pour elles; cette présomption frappe
d'inefficacité la remise d'un exploit quelconque.

Les dispositions suivantes (art. 43-45) ne me suggèrent aucune observation importante [2].

Quant aux dispositions des art. 64-66 sur les annonces judiciaires
dans les journaux, elles tiennent à un régime de la presse trop différent du nôtre pour que nous y trouvions quelque chose d'utile. Je me
trompe : le législateur, en imposant aux imprimeurs l'insertion gratuite
des annonces judiciaires relatives aux indigents, a comblé une lacune
laissée par la loi française, d'ailleurs si remarquable, du 22 janvier 1851,
sur l'assistance judiciaire [3].

Mais je tiens à appeler tout spécialement l'attention du lecteur sur la
difficile théorie des nullités (art. 56-61 ; 190-192).

Cette théorie a pour objet de résoudre la question suivante : quelle
est la sanction des prescriptions de la loi?

La loi commande ou défend. Faut-il annuler sans merci tout ce qui
contrevient à ces commandements, à ces défenses? C'est un système
qu'on a parfois soutenu : la loi, dit-on, ne doit rien prescrire d'inutile;
il y a présomption que la formalité ordonnée tend à la réalisation du

---

[1] En Belgique, il n'y a plus d'autre fête légale que le 1ʳ janvier. (Av. C. d'Etat 13-20 mars 1810, Const. belge, art. 14 et 15.)

[2] Les art. 62 et 63 parlent des amendes comminées par le Code.

[3] Ces dispositions ont été empruntées au Code sarde (art. 1171 et 1172).

but que s'est proposé le législateur. Dès-lors, il n'est pas permis de la violer impunément. Sinon, à quoi bon l'exiger?

Ce système est excessif, et aucune législation ne l'a consacré. On convient généralement que, dans toute œuvre législative, il y a des parties principales ou substantielles, et des parties accessoires ou accidentelles. Aussi voit-on le législateur édicter souvent, pour ces dernières, une autre sanction, par exemple une amende, une peine disciplinaire, des dommages-intérêts, preuve certaine qu'il n'a pas entendu annuler l'acte. On peut, en effet, tenir pour certain que les dispositions sanctionnées de cette manière ne sont pas prescrites à peine de nullité. Quant aux dispositions substantielles, au contraire, les Codes prononcent la peine de nullité, et dès-lors le juge ne peut se dispenser de l'appliquer [1]. Telles sont les idées fondamentales de notre sujet. Ajoutez que l'acte destitué de toute forme est évidemment nul, sans aucune déclaration du législateur, car celui-ci entend toujours parler d'actes valables en apparence, mais vicieux en réalité. C'est ce principe qui est déposé dans l'art. 56 du Code italien, qui, après avoir rappelé notre art. 1030, ajoute : « Pourront toutefois être annulés les actes qui manquent des éléments qui en constituent l'essence [2]. » Parmi ces éléments se trouve, à coup sûr, la compétence de l'officier public qui a instrumenté [3].

Le Code italien formule encore trois règles que la raison approuve : 1° la violation ou l'omission des formalités légales, établies dans l'intérêt de l'une des parties, ne peut être opposée par l'autre; 2° la partie ne peut opposer la nullité de forme, quand elle-même ou ceux qui agissent pour elle y ont donné lieu, ou quand elle y a expressément ou tacitement renoncé; 3° la nullité d'un acte n'emporte pas la nullité des actes précédents, ni des actes subséquents, lorsqu'ils sont indépendants de l'acte annulé (art. 57-58) [4].

Mais, ces principes établis, il reste à savoir comment ils seront appliqués dans la pratique, et c'est à cette question que répondent les art. 190-192

---

[1] Berryat-St-Prix a calculé que l'ordonnance française de 1667 imprimait la nullité comme sanction à la *onzième* partie de ses dispositions, et le Code de 1806, seulement à la *dix-neuvième* partie. On a fait un autre calcul : dans le titre de la saisie immobilière, 24 articles sur 44 prononcent la nullité, tandis que, dans le surplus du Code, sur 997 articles, il y en a seulement 69 qui décrètent cette peine.

[2] Conformes: C. de Parme 155; C. sarde, 1158.

[3] V. Loi genevoise, art. 745, n° 1.

[4] Conf. Parme 154-155-157 ; C. sarde (1854) art. 1121, 1123, 1124 ; (1859) art. 1157, 1159, 1160.

du code italien. Depuis longtemps on s'est élevé avec énergie contre la mauvaise foi de celui qui, assigné en justice (car c'est surtout aux assignations que s'applique la peine de nullité), comparaît porteur de l'exploit qui lui a été remis, et en demande la nullité, bien qu'il n'ait subi aucun préjudice par suite de l'irrégularité commise.

Voici, à cet égard, comment s'exprime M. Raymond Bordeaux, dans le beau livre que j'ai déjà cité [1] : « Je permettrais au juge, dit-il, de ne point annuler, si, d'une part, la partie qui se prévaut de la nullité n'en a éprouvé aucun préjudice, et si, d'autre part, la partie qui a commis l'irrégularité démontre sa bonne foi, son défaut d'attention. Je regarderais si, dans le fait de l'auteur de la nullité, il y a eu dol ou simple faute. Je transporterais ainsi à l'annulation des actes de la procédure quelques-uns des principes qui régissent l'annulation des contrats. Il ne faut pas que celui qui se prévaut d'un vice de procédure, en tire une occasion de lucre. »

Ces judicieuses réflexions paraissent avoir inspiré le législateur italien. Il veut que les vices de la citation soient couverts par la comparution du cité, sauf les droits acquis avant cette comparution (art. 190 § 1er). Ainsi, un exploit d'ajournement a été fait à la veille de l'acquisition d'une prescription; cet exploit est irrégulier : la prescription sera acquise. Encore l'art. 145 du Code ajoute-t-il un tempérament notable à cette règle, parfois trop rigoureuse : Quand la nullité concerne seulement la notification de l'acte, la citation est néanmoins efficace pour empêcher toute déchéance de droit ou de délai, pourvu qu'elle soit renouvelée dans un nouveau délai à fixer par la sentence qui en prononcera la nullité. N'est-ce pas la théorie de M. Bordeaux, traduite en loi ?

On regrette que le Rapport soit absolument muet sur cette matière importante. Chez nous, rien de tout cela ne serait possible : l'art. 2246 du Code civil déclare que la prescription n'est pas interrompue par une assignation nulle en la forme, et les ordres implacables du Code de procédure contraignent les juges à prononcer la nullité, alors même que la partie qui la sollicite n'a éprouvé aucun préjudice réel. La supériorité de la législation italienne, en ce point capital, serait difficilement mise en doute [2]. La loi de Genève (art. 745

---

(1) *Philosophie do la procédure civile*, p. 387.
(2) Une conséquence de cette doctrine est encore consignée dans les art. 56 § 3 et 192 § 2 : la nul-

n° 2) et le Code Guillaume (art. 82) étaient déjà entrés dans cette voie, mais sans la suivre avec assurance jusqu'au bout. (Comparez l'art. 253 du Code sarde).

VI.

Le titre II traite, sous trois chapitres : de la compétence, des conflits de juridiction, et des récusations des juges et officiers du ministère public [1].

Le Code français n'avait pas un ensemble de textes sur la compétence : on y rencontrait seulement quelques dispositions éparses sur ce sujet [2]. Pour le surplus, il fallait recourir à des lois spéciales. Le législateur italien a eu l'heureuse pensée de codifier toute la matière. Déjà le Code sarde de 1854 avait fait un essai du même genre (art. 1er-44), et il s'était généralement inspiré des lois françaises des 11 avril et 25 mai 1838. Mais le nouveau Code a le plus souvent adopté les règles excellentes déposées dès 1820, dans le Code de Parme (art. 49-79; 125-145) et plus tard dans le Code sarde de 1859 (art. 1er-41). Après quelques notions préliminaires, il distribue les prescriptions à suivre dans quatre sections : 1° compétence à raison de la matière ou de la valeur; 2° compétence à raison du territoire; 3° compétence à raison de la connexité; 4° dispositions relatives aux étrangers.

Il n'est pas de mon sujet d'étudier l'organisation judiciaire de l'Italie. Je ferai seulement remarquer que la Sardaigne avait des institutions analogues à celles de la France et de la Belgique [3]. Le nouveau royaume a un degré de plus à l'échelle des juridictions (conciliateurs, préteurs, tribunaux de première instance, cours d'appel). Les *conciliateurs* ont mission

---

lité ne peut être prononcée d'office qu'en cas de défaut de comparution. Du reste, le principe est qu'il faut la demander dans un bref délai, avant toute exception ou défense. (V. notre art. 175).

(1) Je ne dirai rien des deux derniers chapitres qui ont été presque textuellement empruntés au Code sarde. (Livre 1er titre II ; livre IV, tit. XVIII), et qui ne renferment aucune amélioration sensible au système de notre législation actuelle.

(2) Voir notamment : art. 2 et 3, 59 et 60, 171, 420, 527.

(3) Voir Robecchi et Cesarini : *La Amministrazione della Giustizia nel regno d'Italia.* Ce sont des renseignements et tableaux statistiques publiés par ordre du garde des sceaux Pisanelli (Torino, 1865, in-4°). On y étudie, d'une manière comparative, l'administration de la justice en Italie, en France et en Belgique.

de terminer les contestations modiques (30 livres), avec dispense de timbre et d'enregistrement (voir le rapport, p. 8). Les préteurs jugent, à charge d'appel, jusqu'à concurrence de 1500 livres, même les matières réelles immobilières. Le Rapport justifie avec soin cette extension de compétence, qui a été vivement débattue : on disait en effet, non sans raison, qu'il est dangereux de confier le jugement des causes de cette importance, à un juge unique, peut-être inexpérimenté, en tous cas privé du secours de collègues éclairés. Mais le garde des sceaux, d'accord avec la majorité de la commission, a repoussé ces objections, en affirmant son absolue confiance dans la jeune magistrature italienne, et en exprimant l'opinion qu'à notre époque, les attributions et l'importance des juges inférieurs tendent visiblement à s'agrandir, toute institution vivace étant nécessairement destinée à un développement progressif. Il me semble que ces idées, justes en elles-mêmes, ont conduit le législateur à un résultat qui serait bien difficilement acceptable parmi nous. Le juge unique n'est pas dans nos mœurs ; on ne l'accepte qu'à titre exceptionnel, pour lui demander la solution de litiges peu compliqués et d'une valeur très-restreinte.

Au delà de 1500 livres, les tribunaux de première instance (civils ou de commerce) deviennent compétents suivant la nature des matières. Ainsi, les conciliateurs et les préteurs sont en même temps juges des causes civiles et des causes commerciales (1).

Il m'est impossible de trouver une justification juridique de ce système, imaginé, en désespoir de cause, par ceux qui combattent l'institution des tribunaux de commerce. Je suis de ceux qui en demandent la suppres-. sion, mais il ne me convient pas de sacrifier la logique. Du moment que ces tribunaux existent, ils doivent connaître de toutes les affaires commerciales, sans distinction de leur valeur.

La question a été plusieurs fois l'objet de longs débats en France et en Belgique.

Le projet français rédigé en 1835, et qui est devenu la loi du 25 mai 1838, proposait de placer dans les attributions des juges de paix les affaires commerciales inférieures à 200 francs, mais seulement dans les arrondissements dépourvus de tribunaux de commerce. Même ainsi restreinte le proposition fut rejetée, par des raisons péremptoires qu'on peut lire dans le rapport de M. Amilhau à la Chambre des députés. En 1839, la commission de notre Chambre des représentants partagea les mêmes idées

____

(1) Dans le même sens : Code sarde, art. 1ᵣ.

(rapport de **M. Liedts**). Tel ne fut pas l'avis de la commission du Sénat. Ce qui la déterminait, c'était le grand inconvénient des distances et des frais pour des sommes minimes (rapport de **M. de Haussy**). Mais **M.** Leclercq, alors ministre de la justice, combattit l'amendement, qui fut rejeté après une assez vive discussion [1].

Cependant, un projet déposé par le gouvernement le 2 décembre 1848, établissait la compétence des juges de paix en matière commerciale. Ce projet resta dans les cartons.

Disons, puisque l'occasion s'en présente, que toutes ces modifications aux lois de compétence sont peu utiles dans la pratique. Les questions de compétence sont, en général, obscures, difficiles, et leur solution est toujours obtenue aux dépens des plaideurs. Ce n'est pas à la compétence, c'est à la procédure qu'il faut porter une main hardie, si l'on veut obtenir *sécurité, simplicité, économie*. Malheureusement, on a souvent reculé devant cette réforme, à cause des intérêts engagés dans la question. La France nous donne encore, à l'heure qu'il est, le spectacle de ces hésitations ; on y propose l'extension de la compétence des juges de paix, pour enlever aux tribunaux civils, et conséquemment aux avoués, un grand nombre d'affaires, au lieu de chercher à diminuer les frais et les lenteurs de la procédure. Je crois pouvoir le prédire : ces efforts seront stériles.

Revenons au point où nous étions tout-à-l'heure.

La commission nommée par notre Chambre des représentants, pour examiner le projet de loi sur l'organisation judiciaire, a cru devoir, tout récemment, ressusciter la vieille querelle sur la compétence des juges de paix en matière commerciale. Le rapport de **M. Orts** alléguait : « que la compétence du juge de paix présente l'avantage d'éviter aux petits commerçants, domiciliés hors du chef-lieu de l'arrondissement, des déplacements et des frais de procédure. Elle débarrassera, disait-il, d'une foule de contestations de pur détail les rôles encombrés des tribunaux de commerce, établis dans les grandes villes. Elle permettra enfin l'intervention conciliante et économique du juge de paix dans une foule de circonstances où cette intervention semble hautement désirable. »

On lui répondit que c'était bouleverser l'ordre des juridictions, faire deux procès au lieu d'un seul, accabler, dans les grands centres, les juges de paix déjà trop occupés, donner lieu à d'inextricables conflits. Comment saurait-on si le juge de paix a entendu juger commercialement ou civile-

---

ment? Devrait-il le dire dans son jugement? Et puisque l'appel devait être porté au tribunal de commerce (l'art. 85 du Code italien le veut également), n'était-il pas à craindre de voir des hommes de mauvaise foi se ménager comme ressource suprême, un déclinatoire sur l'appel ? Ainsi le but était manqué.

Ces objections étaient irréfutables : aussi ont-elles entraîné le vote de la Chambre, à une très forte majorité [1]. Je blâme donc le législateur italien d'avoir autorisé une telle confusion de pouvoirs, d'avoir placé le préteur sous un double contrôle : celui du tribunal civil pour les affaires civiles, celui du tribunal de commerce, pour les affaires commerciales [2]. J'ajoute que c'est là un système odieux, puisqu'il maintient pour les riches le privilége de la juridiction consulaire, en l'excluant pour les pauvres.

VII.

Les art. 72-81 contiennent une série de règles sur la manière de déterminer la compétence.

L'idée première de cette partie du sujet est déjà ancienne : on retrouve plusieurs principes consacrés aujourd'hui par nos lois dans l'*Édit des présidiaux* de janvier 1551 (révisé en 1777). On peut même dire qu'il y avait à tirer de cet édit un parti meilleur que ne l'ont fait les législateurs de 1838 en France, de 1841 en Belgique. Le Code italien me paraît avoir été plus exact, plus complet [3].

C'est ainsi qu'on y lit : « Les intérêts échus, les frais et les dommages antérieurs à la demande judiciaire sont comptés avec le capital pour le calcul de la valeur (art. 72 § 2), » déclaration précise, empruntée à l'Édit des présidiaux, et qui fait disparaître les équivoques engendrées chez nous par les mots *en principal*, équivoques qui ont déjà donné lieu à bien des procès.

On n'a pas admis que l'évaluation du litige mobilier par le demandeur fût souveraine et ouvrît au profit du défendeur le droit de rachat. Le défendeur a le droit de contester cette évaluation et le juge de la fixer

(1) Séance du 16 mars 1867.

(2) L'art. 146 § 2 du Code italien semble en opposition avec les principes adoptés au titre de la compétence.

(3) Comparez C. de Parme, art. 50-62 ; C. sarde, art 52-41.

d'après les éléments du débat (art. 80). Toutefois, il faut reconnaître que cette règle donne lieu à des difficultés pratiques. La compétence est ainsi l'objet d'un procès incidentel, et le jugement rendu sur ce point est nécessairement lui-même sujet à l'appel. Je n'hésite pas à préférer l'art. 40 du Code sarde qui s'en tenait toujours à l'évaluation du demandeur. Mais une bonne mesure est celle qui suit : « Si le demandeur n'a pas fixé la valeur, on présume qu'elle rentre dans la compétence du tribunal saisi. » C'est le contre-pied de l'art. 62 du Code de Parme.

Il faut noter des dispositions spéciales sur la compétence en matière de saisie ou de séquestre et en matière de rentes. Dans le premier cas, la valeur de la cause se détermine : 1° par la créance pour laquelle la saisie ou le séquestre a eu lieu, si on plaide sur le droit d'établir une semblable mesure ou sur la forme à suivre; 2° par la valeur des objets litigieux, si un tiers prétend revendiquer, en tout ou en partie, les choses saisies ou séquestrées; 3° par la valeur séparée de chacune des créances contestées et concurrentes, si le litige porte sur la distribution du prix (art. 75). — Dans les débats pour la prestation d'une rente perpétuelle, temporaire ou viagère, de quelque dénomination que ce soit, la valeur se détermine par la somme capitale exprimée à l'acte de constitution, si le titre est contesté. Quand la somme capitale n'est pas exprimée, la valeur se détermine en cumulant vingt annuités s'il s'agit d'une rente perpétuelle, et dix s'il s'agit d'une rente viagère, ou d'une rente temporaire qui doit être servie pendant au moins dix ans. Quand la rente est inférieure à dix années, la valeur se détermine en cumulant les annuités (art. 76). Ces dispositions sont bien conçues, et on pourra les consulter avec fruit dans la revision de nos lois sur la compétence [1].

Quant à la propriété immobilière, la valeur se calcule en multipliant par cent l'impôt foncier payé à l'État, et par cinquante, si le débat roule seulement sur l'usufruit ou sur la nue-propriété. Le Code sarde de 1854 (art. 40-41) appliquait le même calcul au débat sur une servitude, mais ce dernier point a été changé. Celui de 1859 (art. 39) cumulait, contre toute raison, la valeur des deux fonds, mais le Code italien veut ici, très-sagement, que la valeur du fonds servant soit seule prise pour base. Enfin, pour l'action en bornage, on prend la valeur de la parcelle litigieuse (art. 79). La loi ajoute que si la valeur de l'immeuble ne peut être déterminée au moyen de l'impôt foncier, on considérera la cause comme indé-

---

[1] Comparez C. de Parme, art. 55, 56, 57; (C. sarde (1854), art. 33, 36; (1859) art. 33, 36.

terminée, c'est-à-dire comme excédant 1500 livres. Le lecteur n'ignore assurément pas les difficultés qu'ont éprouvées nos législateurs pour arriver à fixer la valeur des actions immobilières. L'illustre auteur de la Loi genevoise s'est même déclaré impuissant à les résoudre. Les règles édictées au Code italien sont préférables à celles que nous suivons, et d'après lesquelles il ne peut guère exister d'affaires immobilières susceptibles d'être jugées en dernier ressort.

VIII.

Sous le titre : « *de la Compétence à raison du territoire,* » le Code italien développe les principes à suivre sur la compétence des tribunaux *ratione personæ vel loci.*

Ce qui domine, là comme chez nous, c'est l'application de l'adage : *Actor sequitur forum rei.* Ce principe ne souffre vraiment qu'une seule exception ; celle qui a lieu en matière immobilière. Le Code italien a corrigé l'expression inexacte de l'art. 59 du Code français qui opposait l'action personnelle à l'action réelle, tandis que la même règle de compétence doit être appliquée à l'action personnelle et à l'action réelle mobilière. L'art. 420 du Code de procédure civile a été généralisé pour toutes les matières mobilières, à la condition que l'exploit de citation fût remis à la personne elle-même (art. 91). Cette innovation, restreinte comme elle l'est, produira peu d'effet. Pourquoi exiger la remise à la personne, s'il paraît naturel, comme je le crois, d'accorder compétence au juge, soit du lieu où le contrat a été fait, soit du lieu désigné pour l'exécution, soit du lieu dans lequel se trouve la chose litigieuse ?

Pour les actions immobilières, notre art. 59 contenait une omission ; elle a été réparée en ces termes : « Quand l'immeuble est situé dans plusieurs arrondissements, l'action est formée devant les juges du lieu dans lequel est située la partie soumise au plus fort impôt direct envers l'État, — ou devant les juges du lieu dans lequel est située une partie quelconque du bien, à condition que l'un des assignés y ait en même temps son domicile (art. 93 § 2). Cette disposition est complète, tandis que nous sommes, au contraire, réduits à appliquer par analogie l'art. 2210 du Code civil, ce qui ne lève pas même tous les embarras. (V. aussi Code Guillaume, art. 116.)

Les art. 90, § 2 et 92 sont des dispositions de la plus haute importance; ils permettent aux particuliers d'assigner une société devant le tribunal du lieu où elle a une succursale et un représentant, et l'État devant le tribunal soit du lieu où le contrat a été fait, soit du lieu où l'obligation doit être exécutée. Cette double situation, tout à fait digne d'intérêt, n'est pas prévue par nos lois, de sorte que l'État et les sociétés ont souvent élevé l'injuste prétention de ne pouvoir être jugés qu'au siége du gouvernement, ou au siége social. Une telle doctrine, vivement combattue d'ailleurs par des jurisconsultes estimés, serait funeste aux citoyens, ainsi forcés de faire des frais et de se déplacer pour obtenir justice. Le Code italien a donc fort bien fait de la proscrire. (Rapprocher l'art. 138, § 2, pour la remise de l'exploit de citation.)

Il n'a pas été moins heureux dans les amendements introduits à la compétence du tribunal de l'ouverture d'une succession, ou de l'établissement de la société dans les contestations entre associés. Il a, en effet, limité cette compétence à une durée de deux ans, dont le point de départ varie suivant la nature de l'action (art. 94 et 95), et ce avec grande raison : après un certain temps, les motifs de cette compétence exceptionnelle ont nécessairement disparu : les héritiers, les associés se sont dispersés, les titres et papiers ont été déplacés.

Enfin, j'applaudis de tout cœur à la suppression des « *actions mixtes,* » qualification qui, dans le Code de 1806, n'a servi qu'à tourmenter les interprètes et les tribunaux [1]. Le Code sarde de 1854, tout en effaçant le mot, avait timidement conservé la chose, sans se rendre compte de la portée qu'il y attachait. On lisait en effet à l'art. 25, emprunté au Code de Parme : « La connaissance de toutes les autres actions, de quelque nature qu'elles soient, appartient au juge du domicile ou à celui de la situation, au choix du demandeur. » Mais quelles étaient « toutes ces autres actions ? » Le législateur eût été bien empéché de le dire. La vérité est que toute action a un caractère principal prédominant, qui fixe la compétence, et le Code italien a paré à toute éventualité en rappelant, à l'art. 99, la maxime : *Accessorium sequitur principale.* (Comparez Code sarde de 1859, art. 21). Dès qu'une action est immobilière (réelle ou personnelle, peu importe) le tribunal de la situation est compétent. Dans tous les autres cas, c'est au tribunal du domicile qu'il faut s'adresser.

Il me reste à faire connaître les dispositions de la section IV, relatives

____

(1) Voir sur ce point l'excellent résumé de Bonnier : *Elém. de proc. civ.*, n°s 61-65, et sur la jurisprudence, le Supplément de Chauveau, litt. L, sur l'art. 59.

aux étrangers. Je les rapporterai textuellement, à cause de leur importance toute spéciale pour les lecteurs de la *Revue*.

« *Art.* 105. Les étrangers qui ne résident pas dans le royaume peuvent être assignés devant les juges du royaume, encore qu'ils ne s'y trouvent pas :

1° S'il s'agit d'une action sur biens immobiliers ou mobiliers existants dans le territoire du royaume ;

2° S'il s'agit d'obligations qui proviennent de contrats ou de faits accomplis dans le royaume, — ou qui doivent y recevoir leur exécution ;

3° Dans tous les autres cas dans lesquels cela peut avoir lieu en vertu de la réciprocité.

Art. 106. Outre les cas indiqués à l'article précédent, les étrangers peuvent être assignés devant les juges du royaume pour les obligations contractées en pays étranger :

1° S'ils résident dans le royaume, encore qu'ils ne s'y trouvent pas actuellement ;

2° S'ils sont trouvés dans le royaume, quoique n'y résidant pas, — et cela pourvu qu'ils soient cités en personne propre.

Art. 107. Quand l'étranger n'a dans le royaume ni résidence, ni demeure, ni domicile élu, et qu'aucun lieu n'a été déterminé pour l'exécution de l'obligation, l'action personnelle ou réelle mobilière est portée devant le juge du lieu où le demandeur a son domicile ou sa résidence. »

Il convient d'ajouter, pour être complet, la disposition finale de l'art. 94 : « Quand la succession est ouverte hors du royaume, *ces* actions (en pétition d'herédité, en partage, etc.) se portent devant les juges du lieu dans lequel est située la majeure partie des biens immeubles ou meubles à partager, — et à défaut, devant les juges du lieu dans lequel l'assigné a son domicile ou sa résidence. »

La théorie qui se dégage de ces dispositions, combinées avec celles qui ont été analysées plus haut, est très-facile à formuler, ce qui me dispense d'y insister ; elle est d'ailleurs le produit de la jurisprudence moderne, qui déjà s'était vue dans la nécessité de la créer, en l'absence de textes législatifs.

Dans un prochain article, j'aborderai l'étude de la procédure proprement dite. Une des premières questions qui se présenteront à mon examen, sera nécessairement celle de savoir si le Code italien a eu raison de maintenir le monopole des procureurs ou avoués.

SECONDE PARTIE.

—

IX.

Depuis l'impression des premières pages de cette étude, j'ai appris que l'ordre des avocats de Milan avait institué une commission qui s'efforce de signaler les réformes les plus urgentes à introduire dans le Code de procédure italien. Je dois à l'obligeance de l'honorable rapporteur de cette commission, M. César Norsa, la communication de son travail sur le Titre préliminaire et sur le Ier Livre [1]. Les Livres II et III sont en ce moment à l'étude. Le barreau milanais donne là un exemple digne d'être suivi dans tous les pays : en apportant spontanément à l'œuvre de la révision des lois le concours de leurs lumières, les jurisconsultes et les hommes pratiques faciliteraient considérablement la tâche du législateur.

(1) *Proposte di riforma al Codice di procedura civile*, relazione della commissione costituita dall'Associazione degli avvocati di Milano (1868, 152 pag.).

On s'étonnera peut-être de voir un Code si récent être l'objet de nombreuses critiques, de la part des citoyens mêmes de la nation chez laquelle il est en vigueur. Après avoir proclamé la difficulté de rédiger une œuvre de ce genre, et constaté que le nouveau Code a pris pour type le Code français, le rapporteur de la commission reproche au législateur italien de s'être attaché simplement à quelques améliorations de détail, et de n'avoir pas tiré un assez grand profit des vues générales proposées par la science moderne, tant en Allemagne qu'en France. Il accuse aussi, comme une des causes principales des lacunes et des vices signalés dans le Code, la précipitation avec laquelle il a été sanctionné et promulgué [1]. Il n'hésite pas à y blâmer « une excessive surabondance de formalités, et un système organisé de telle façon, qu'il n'est jamais possible à l'avocat de marquer avec assurance le moment où le procès prendra son terme. »

Ces critiques, prises dans leur généralité, sont trop sévères. On voit bien que les membres du barreau milanais sont depuis longtemps devenus étrangers à l'application du Code de 1806, que nous avons encore le malheur de subir. S'ils en constataient les résultats chez nous et chez nos voisins, nos confrères se montreraient moins exigeants, et s'applaudiraient de jouir d'une législation qui est infiniment supérieure à la nôtre. A la décharge du législateur italien, qu'on accuse de précipitation, il ne faut pas perdre de vue que le travail législatif a été préparé par les Codes sardes de 1854 et de 1859, et que, chaque fois, on a pu constater un progrès marqué de la nouvelle loi sur sa devancière. Et cela est vrai, même au point de vue de la fiscalité.

Quoi qu'il en soit, la commission milanaise se propose, non de formuler un nouveau système, mais seulement d'indiquer, à l'occasion des principaux articles du Code, les réformes urgentes de détail, dont la pratique a suggéré la nécessité, et elle espère que l'introduction projetée de la législation italienne dans les provinces vénètes fournira l'occasion au gouvernement de donner une légitime satisfaction à ses plaintes. Réduit à ces proportions modestes, son travail n'en est pas moins fort remarquable, et j'aurai plus d'une fois à y renvoyer.

La commission ne demande aucun changement aux titres de la Conciliation et du Compromis, qui ne touchent pas directement à la procédure civile. Cependant plusieurs questions se rattachant à ces matières ont été discutées dans son sein, notamment : sur la force exécutoire du procès-

[1] Introd., p. 8.

verbal de conciliation (1), sur l'obligation de choisir les arbitres en nombre impair (2), sur l'efficacité du pacte compromissoire vis-à-vis des héritiers (3).

Le titre de la Compétence a été également réservé, comme se rattachant plus spécialement à l'organisation judicaire, sujet dont s'occupe une autre commission. Le rapport de M. Norsa rend cependant compte de quelques débats intéressants. On a demandé, par exemple, pourquoi l'appel des sentences rendues par les préteurs n'est pas porté à la cour d'appel; il semblait à quelques membres de la commission qu'un tribunal de première instance ne doit jamais pouvoir se transformer en juridiction du second degré; du reste, les éléments de ce débat ne sont pas les mêmes chez nous qu'en Italie : nous savons, en effet, que les préteurs connaissent des affaires commerciales et que le taux du dernier ressort s'élève pour eux à 1500 livres (ci-dessus N° VI). La seule modification réclamée d'une manière formelle est précisément l'extension à donner au *forum contractus* : à cet égard, la commission critique, comme je l'ai fait (ci-dessus N° VIII), l'étrange restriction apportée par l'art. 91 au principe de cette compétence, jadis consacré d'une manière générale pour les provinces lombardes, par une patente du 20 novembre 1852.

Revenons à notre analyse.

X.

Le titre *des Citations* ne nous arrêtera pas longtemps. Les formes essentielles de l'appel en justice sont à peu près les mêmes dans toutes les législations modernes. Notons seulement quelques particularités.

Dans la législation Italienne, la résidence l'emporte sur le domicile, le fait sur la fiction. Mais la résidence n'est établie que par une habitation d'une certaine durée, sinon il y a simple demeure. Voici donc la gradation adoptée : *résidence, domicile, demeure.* Tous nos textes y sont fidèles. On voit que ce système diffère d'un manière saillante de la théorie du Code français. Celle-ci est préférable, elle est plus simple et plus juridique. Chez nous, *demeure* est synonyme de *domicile* (4); c'est le fait joint à l'intention de résider.

(1) P. 19 et 20 en note, et ci-dessus n° III.

(2) A cet égard, je suis heureux de me trouver d'accord avec la commission. (Rapport, pp. 21-23, en note, et ci-dessus n° IV.)

(3) La commission combat cette extension du pacte compromissoire (que j'ai repoussée d'une manière absolue, ci-dessus, n° IV).

(4) C. pr. fr., art. 59, 61, 68, 75.

On n'exige plus la signification des pièces sur lesquelles la demande est fondée. L'acte de citation doit seulement contenir l'offre de les communiquer ; cela est bien suffisant. Il y a deux siècles que le président Lamoignon l'avait dit : nous n'en sommes pas moins restés jusqu'à ce jour sous l'empire de l'art. 65 du Code de 1806 ; il est vrai que, dans certains siéges, cet article est heureusement tombé en désuétude.

D'après les dispositions du Code Sarde de 1859, l'acte de citation se composait de deux parties : la première, œuvre du demandeur, était signée soit par lui ou par son mandataire, soit par un procureur devant les juridictions où l'intervention de ce dernier est obligatoire. La seconde partie était l'œuvre exclusive de l'huissier. C'était là une complication inutile qui a disparu. Elle suscitait des embarras, et offrait plus de danger que la marche ordinairement suivie, qui laisse à l'huissier, sous sa responsabilité, la rédaction de l'acte tout entier. Cependant la commission milanaise insiste avec force (p. 52-55), pour obtenir le retour au système du Code sarde. Elle dénie à l'huissier les connaissances suffisantes pour dresser convenablement la citation, et pense qu'il appartient à l'avocat de lui imposer une rédaction. En pratique, les choses ne se passent guère autrement, et nos huissiers ne se refusent pas à suivre ces directions. Il paraîtrait qu'en Italie, ils montrent quelques velléités d'indépendance, contre lesquelles on voudrait réagir. Le remède serait pire que le mal.

Il y a parfois nécessité de donner une citation à un incapable, non légalement représenté (à un mineur non encore pourvu de tuteur) ; et l'urgence peut être telle que le demandeur ne puisse sans péril pour ses droits (il s'agit, par exemple, d'interrompre une prescription), accomplir les formalités requises par la loi pour la nomination du tuteur. La législation française n'a pas prévu cette hypothèse ; le Code italien y pourvoit (art. 136 § 2) : à la requête de la partie intéressée, le président du tribunal compétent désigne au défendeur un curateur spécial [1] : c'est une amélioration incontestable.

Je n'en dirai pas autant de la disposition portant : « l'huissier ne peut remettre la copie de l'acte à une personne incapable par âge ou vice de raison d'en rendre témoignage. La capacité est présumée jusqu'à preuve contraire [2]. » Rien de plus vague, de plus dangereux. Comment veut-on

---

(1) Conforme Code sarde, art. 56 et 145.
(2) Art. 139, § 6. — Code sarde, art. 59, § 6.

que l'huissier se renseigne convenablement à cet égard ? La loi l'expose ici
à une injuste responsabilité. De quel âge veut-elle parler, et quel sera le
degré d'intelligence jugé suffisant ? Il est tel enfant de 7 ans très-capable
de remplir la commission que lui donne l'huissier, mieux peut-être que
tel adulte jouissant de son plein sens, mais sujet à de fréquentes distrac-
tions. Notre législation a été plus sage, en ne traçant aucune règle sur un
point aussi délicat. L'huissier, soumis à l'action disciplinaire, ne s'exposera
pas au reproche d'avoir confié l'exploit à un fou ou à un trop jeune
enfant ; mais, dans l'appréciation de sa manière d'agir, il faudra se
montrer fort circonspect. Il ne suffit pas de dire, avec le Code italien,
que, dans le doute, le capacité est présumée; il faut nettement affirmer
que, jusqu'à preuve contraire, l'huissier est réputé avoir agi de bonne
foi, et qu'il est ainsi mis à l'abri de toute recherche indiscrète.

C'est avec regret que je retrouve dans le titre des citations plusieurs
prescriptions tout à fait surannées, telles que le placard à la porte du
tribunal, la remise au parquet, et même l'affiche à la porte de l'habitation
du défendeur, ce qui nous fait rétrograder jusqu'à l'ordonnance de Villers-
Cotterets. Il est vrai que le législateur, comprenant lui-même l'inanité
de ces prétendus modes de porter l'acte à la connaissance des intéressés,
ajoute l'insertion dans les journaux; telle est, en effet, la seule publicité
sérieuse à notre époque ; personne ne lit ce grimoire maculé, déchiré,
indéchiffrable, placardé sur les murs; et, quant aux pièces déposées au
parquet, que de fois vont-elles dormir dans les cartons !

Tout cela était bon jadis, quand on ne disposait pas d'autres moyens ;
mais aujourd'hui quel anachronisme ! Il y a beaucoup de choses à réfor-
mer chez nous à cet égard ; ainsi, de ces affiches dans les salles d'audience,
de ces publications au greffe, dans les chambres de notaires ou d'avoués,
de ces lectures monotones de jugements de séparation de corps ou de
biens, qui s'imposent à des yeux indifférents, et qui jamais ne vont
atteindre ceux qui auraient intérêt à en apprendre le contenu.

Pour en revenir au mode de citation, on ne fait pas assez d'usage des
ressources offertes par l'organisation de la poste aux lettres. En Prusse,
presque toutes les citations se font par la poste. Sans aller jusque-là,
les Italiens auraient bien dû prendre exemple de l'arrêté du roi Guillaume,
du 1er Avril 1814, pour arriver à toucher réellement les personnes qui
demeurent à l'étranger (1).

---

(1) D'après cet arrêté, quand la résidence est connue, la notification se fait par lettre chargée à la
poste. Sinon, elle se fait par la voie des journaux. En cas de refus du percepteur des postes, la
copie est adressée au Ministre des Affaires Étrangères. (Loi 26 mai 1833.)

On peut se demander ce qui arrive lorsque le voisin, le syndic de la commune, le procureur du roi, le ministre des affaires étrangères, ne font point parvenir à l'intéressé la copie dont ils se sont chargés pour eux. Le Code français laisse ce point important sans solution. Il n'en est pas de même du Code italien qui formule le principe suivant (atr. 144) : « La citation produit ses effets dès que le demandeur a accompli les formalités qui lui sont imposées. » Voilà qui est fort bien ; mais pourtant, grâce au système vicieux maintenu en Italie, le défendeur pourra se trouver définitivement condamné sans avoir été averti de la poursuite. Est-ce juste ? Tant qu'on n'aura pas trouvé un mode sûr de faire parvenir ces copies à leur adresse, on restera en présence d'une très-grave difficulté [1].

Une exception curieuse aux règles générales est insérée à l'art. 146 : « Quand la citation en la manière ordinaire est extrêmement difficile à raison du nombre des personnes à citer, le tribunal ou la cour, après avoir entendu le ministère public, pourra autoriser la citation par proclamation publique, moyennant insertion dans le journal des annonces judiciaires et dans le journal officiel du royaume, avec les précautions conseillées par les circonstances ; et, s'il est possible, le tribunal ou la cour désignera quelques-uns des défendeurs auxquels la citation devra être notifiée en la manière ordinaire. » Ceci fait un terrible échec aux principes. Aussi le rapport de M. Vacca nous apprend-t'-il que le débat a été vif au sein de la commission : « On a fait observer, dit-il, que les formes de la citation sont d'ordre public, et qu'il ne doit pas être permis de les violer, en vue de la difficulté de citer tous les défendeurs. En outre, on a mis en question le point de savoir si le mode proposé était le meilleur. Toutefois la discussion a convaincu même les opposants..... il y a une impérieuse nécessité, et l'expérience faite depuis 1859 est décisive. » C'est, en effet, à l'art. 152 du Code sarde qu'a été empruntée la disposition ci-dessus transcrite.

Je ne puis qu'approuver les excellentes intentions du législateur italien ; malheureusement il ne paraît pas possible de recommander la marche qu'il indique. L'art. 146 fait allusion à ces nombreuses sociétés de bienfaisance, d'agrément, etc., qui ne sont pas reconnues par la loi, et qui se composent parfois de plusieurs centaines de membres. Il s'agirait de les forcer, pour ainsi dire, à *plaider par procureur*, contrairement à la vieille

---

[1] La commission milanaise a longuement discuté (Rapp., p. 50-57) la nécessité pour les parties de pouvoir s'affranchir de toute déchéance par un acte au greffe, sauf signification ultérieure. Elle craint la négligence ou l'absence de l'huissier. Chez nous, l'état de choses signalé a paru jusqu'ici exempt d'inconvénients.

maxime que tout le monde connaît. On ne les citerait plus tous à la fois, on en citerait quelques-uns seulement, avec cette formule *et consorts*. Mais quel serait le résultat d'un procès fait dans de semblables conditions ? Les mêmes difficultés renaîtraient plus pressantes encore, au moment de mettre le jugement à exécution, car, à coup sûr, la condamnation se divisant de plein droit entre tous les intéressés, il faudrait bien s'en prendre successivement à chacun d'eux, de façon que l'art. 146 n'est qu'un palliatif insuffisant contre un mal réel et sans remède juridique ; c'est à ceux qui traitent avec les membres d'une société de ce genre à prévoir les embarras dans lesquels ils pourront se trouver plus tard. Dans la pratique, ils contractent avec les administrateurs en leur propre et privé nom, et tout est dit.

Il résulte, du reste, de la combinaison des art. 146 et 137, § 1, du Code italien, que ses rédacteurs ont de nouveau refusé la personnalité juridique aux sociétés civiles [1].

Un mot sur les délais de comparution. Le législateur de la Péninsule a tenu compte des progrès réalisés par le XIX° siècle dans la locomotion (chemins de fer, bateaux à vapeur, télégraphie électrique). Déjà la France avait fait un essai d'abréviation des délais de procédure, par les lois des 3 mai et 3 juin 1862. Ce sujet a été traité excellemment dans le chapitre III des Études de M. Lavielle. Il me paraît inutile d'y insister.

<h2 style="text-align:center">XI.</h2>

Le titre IV (*del procedimento*, art. 155-464) nous fait pénétrer au cœur même de la matière ; il embrasse tous les détails de la procédure proprement dite, devant les différentes juridictions.

L'art. 155 débute par une déclaration de principe, sur laquelle il est très-important d'insister : « La procédure est *formelle* ou *sommaire*. La procédure formelle s'observe devant les tribunaux civils, les tribunaux de commerce et les cours d'appel. La procédure sommaire s'observe devant les conciliateurs et les préteurs. Elle s'observe aussi, dans les cas déter-

---

[1] V. art. 529 du C. Napoléon et C. fr. de 1806, art. 69, n° 6. — En sens contraire L. genev. art. 44, n° 4, qui ordonne d'assigner les sociétés dites *Cercles* en leurs bureaux — Le Code hollandais de 1838 disait : « .... sociétés de commerce *ou autres,* » Le projet de révision supprime ces deux derniers mots.

minés par la loi, devant les tribunaux civils, les tribunaux de commerce
et les cours d'appel. »

Le rapport de M. Vacca nous édifie sur la portée de cette distinction.
« Il n'est pas besoin d'avertir, dit-il, que la procédure *formelle* est celle dans
laquelle s'observent les formalités, les délais, toutes les prescriptions nor-
males. La procédure sommaire est celle dans laquelle les formalités sont
moindres, les délais plus brefs, les prescriptions moins absolues. De là
résulte clairement que, dans le système du Code, la procédure formelle est
la règle; la procédure sommaire l'exception [1]. Cela ne fait pas obstacle
aux différences que doit encore introduire dans la procédure la nature des
diverses juridictions. C'est ainsi que la procédure formelle n'est pas la
même devant le tribunal de commerce que devant le tribunal civil, et que
la procédure sommaire est, devant le préteur, tout autre que devant le tribunal de commerce. Mais ces différences particulières ne changent pas la
nature propre des deux procédures. Leur caractère distinctif est celui-ci
(en négligeant ceux de moindre importance) : dans la procédure formelle,
la cause doit être complètement instruite et en état, avant l'audience; dans
l'autre l'instruction peut avoir lieu, en tout ou en partie à l'audience, et
c'est là que les conclusions sont prises. »

Eh bien, je suis d'avis que, grâce à cet emprunt malheureux fait au
Code français, les bons résultats qu'on était en droit d'attendre des réformes admises dans les autres parties de l'œuvre, sont gravement compromis.

Qu'on ne se méprenne pas sur ma pensée. Je suis loin de prétendre
que les formalités et délais doivent être absolument les mêmes devant
toutes les juridictions. Je m'empresse de reconnaître, au contraire, qu'il
faut plus de simplicité et de célérité devant les tribunaux de commerce
et les justices de paix (prétures en Italie). Mais ce que je trouve mauvais,
c'est qu'on ait adopté deux types complètement distincts de procédure,
pour la même juridiction, avec ordre aux juges de s'y conformer stricte-
ment, d'après un classement arbitraire des causes.

Après avoir dressé une série de titres hérissés de formalités longues
et coûteuses (tit. 1 — XXIII du livre II), les rédacteurs du Code de
1806 (reconnaissant, mais un peu tard, qu'ils avaient fait fausse route,
et que leurs pitoyables conceptions amèneraient infailliblement la ruine

---

[1] Je ne comprends pas, malgré les prétendues explications du rapporteur, pourquoi on a
changé les expressions du projet : procédure *ordinaire* et procédure *à audience fixe*. Cela me paraissait tout aussi clair. Le Code sarde de 1859 subdivisait la procédure sommaire *en simple* et *à audience
fixe*. Pourquoi cette nouvelle complication ?

des plaideurs), se ravisèrent et écrivirent quelques dispositions plus sages, plus généreuses, en faveur de certaines catégories d'affaires qui paraissaient commander plus spécialement leur sollicitude. D'un trait de plume, ils réduisirent d'une bonne moitié les frais du procès. Que ne commençaient-ils par là! Malheureusement ils comptaient sans leur hôte, c'est-à-dire sans la corporation des avoués, dont toute la prédilection se porta naturellement vers les matières ordinaires, infiniment plus lucratives pour eux. La pratique témoigne, en Belgique et en France, du mépris avec lequel ils ont traité les prescriptions de la loi, et du cercle de fer dans lequel ils ont réussi à enserrer les matières sommaires. La même chose se produira certainement en Italie.

Quoiqu'il en soit, le Code italien a suivi les mêmes errements que le Code français; ses rédacteurs n'ont pas profité de l'expérience acquise dans d'autres pays, et ils n'ont pas médité ce dilemme : ou la procédure sommaire est défectueuse, peu rassurante pour la manifestation du droit, et alors, pourquoi ne pas la rejeter absolument? ou elle offre de suffisantes garanties à la justice, et alors, pourquoi ne pas l'étendre à toutes les affaires?

De plus, si l'on veut, à toute force, établir ces deux types tout-à-fait dissemblables, pourquoi donner la préférence à la procédure formelle? Pourquoi en faire le droit commun? N'est-ce pas ériger en règle la complication des formes, les lenteurs calculées, l'énormité des frais; et tolérer seulement à titre d'exception une marche simple, rapide, économique? Ne faudrait-il pas au moins, comme le disait Bellot, renverser la proposition, et réserver le formalisme de l'instruction pour quelques affaires particulièrement graves, chargées de faits, nécessitant une étude laborieuse et des délais sagement mesurés [1]?

La loi française du 11 avril 1838 a quelque peu augmenté le nombre des causes sommaires. Deux remarquables discours furent prononcés, à cette occasion, devant la chambre des députés. Tout en félicitant le gouvernement de son initiative, MM. Teste et Michel (de Bourges) furent d'avis que l'on devait arriver tôt ou tard à généraliser cette procédure. En 1857, le baron de Crouseilles fit au Sénat une proposition expresse pour que ce vœu fût réalisé dans sa plus grande partie, mais la corpora-

---

[1] Pour ce dernier genre d'affaires, le Code de 1806 avait trouvé quelque chose de véritablement monstrueux : *l'instruction par écrit* proprement dite (tit. VI). Le législateur y déployait un luxe inouï d'interminables écritures, requêtes, productions, actes de dépôt, significations. On n'a guère osé en profiter ; cette procédure est tombée en désuétude.

tion des avoués réussit à faire avorter ce mouvement [1]. Et cependant, ils avaient grand tort de se plaindre, car leur ministère est obligatoire dans ces matières comme dans toutes les autres, tandis qu'autrefois, sous l'empire de l'ordonnance de 1539 (art. 153) il avait été défendu d'employer les procureurs, et même, sous l'ordonnance de 1667 (tit. 17, art. 6), il était permis aux parties de se passer de leur assistance, dans les siéges autres que les parlements et présidiaux. Et cela était logique : du moment qu'on proclamait la nécessité d'agir avec célérité et économie dans certaines affaires urgentes et d'un minime intérêt, il eût fallu affranchir les parties de l'obligation de se faire représenter par des officiers ministériels, dont le concours se paie fort cher, et qui n'ont jamais réussi à mener les procès qu'avec lenteur. Mais n'anticipons point.

Il n'en est pas moins vrai qu'en 1806, on se montra moins libéral qu'en 1667, et voilà qu'en 1865, le législateur italien fait encore un pas en arrière. Jusqu'ici, en effet, on avait toujours consenti à voir dans les affaires commerciales tous les éléments de la matière sommaire. Le Code que nous étudions en décide autrement, et devant le tribunal de commerce comme devant le tribunal civil, la procédure sera tantôt formelle, tantôt sommaire. Cette innovation, sans exemple dans aucun autre pays, n'est pas justifiée dans le rapport, et l'on en chercherait en vain le motif.

Cette tendance est extrêmement fâcheuse; on peut lui opposer cette prophétie de Bordeaux : « C'est à la procédure sommaire qu'appartient désormais le succès ; c'est à assurer son triomphe que doivent maintenant tendre les réformes. Je constate avec satisfaction que toutes les fois qu'ayant à mettre en action une loi nouvelle, nos législateurs modernes indiquent la procédure à suivre, ils terminent par cette disposition devenue de style : *La cause sera jugée comme en matière sommaire...* [2] » Ils n'ont assurément pas tort.

Il est étrange que les rédacteurs du Code italien n'aient pas suivi l'excellente marche du législateur de Genève. Là, un seul type de procédure est consacré. L'affaire est tout d'abord portée à l'audience, et, d'après les explications des parties, les juges décident si une instruction préalable est nécessaire; ils déterminent, suivant la nature de la cause, les délais qui doivent être accordés, soit au demandeur, soit au défendeur; ils tiennent la main à ce que cette instruction soit sérieuse; et, faite pour ainsi

(1) V. *Moniteur universel* du 20 juin 1857.
(2) Liv. IV., chap. VI. Tout ce chapitre est très important. — Add. Rapport de Bellot sur le titre IV de la loi genevoise (édition Schaub, pp. 52-56). — Regnard, nos 565-567.

dire sous leurs yeux, elle ne manque jamais de l'être [1]. De cette façon, tout se passe régulièrement et utilement; jamais d'écritures superflues, jamais de surprises, jamais de retards.

Le Code italien s'est laissé trop dominer, en cette partie, par le formalisme français; il est retombé dans l'absurde système des délais invariables, qu'on n'observe jamais, et des actes de procureurs, souvent superflus, rarement favorables à l'instruction de la cause.

M. Vacca a pressenti le blâme qui ne manquerait pas d'être infligé à cette partie du Code, et il a essayé de la justifier. Rien de plus faible que les prétendues raisons qu'il fait valoir. Tantôt, dans l'examen que nous ferons d'une autre question, nous les retournerons contre lui.

Les art. 162-180 reproduisent, en le compliquant de nouveau, le système déplorable des *requêtes de défense*, qui paraissait devoir succomber sous les coups répétés des champions de la bonne procédure. Une seule amélioration y est introduite (elle est bien légère), c'est le droit accordé au président d'abréger les délais de l'instruction écrite (art. 172).

C'est en France surtout que la mise en pratique a depuis longtemps révélé les vices de ce système. Lorsque le dossier est mis sous les yeux du juge, il est parfois volumineux, mais que de choses inutiles! Les écritures signifiées, rédigées par des clercs, roulent sur des points peu importants, quelquefois sur des lieux communs. Les moyens principaux sont tenus en réserve jusqu'au jour de l'audience. Qui donc profite de ce fatras de papier timbré? Ce n'est, il faut bien le dire, ni le juge, ni la partie, mais bien l'avoué : c'est pour lui qu'on l'a maintenu dans le Code, malgré son inutilité proverbiale.

Dalloz le confesse tout naïvement [2] : « Dira-t-on que, dès qu'un acte est inutile, il est frustratoire dans le sens de la loi, et qu'il y a lieu conséquemment de le mettre à la charge de l'avoué? Mais à ce titre, il faudrait supprimer certains actes autorisés par la loi elle-même : les requêtes ou défenses, par exemple, *ne sont en général d'aucune utilité pour les procès;* les avocats ne les lisent pas, et dans certains tribunaux, il est même convenu entre les avoués *qu'il n'en sera jamais fait aucun usage. Ces actes n'ont d'utilité que pour donner un émolument souvent considérable à l'avoué.* » Et, après avoir constaté ces énormités, notre écrivain n'a pas la loyauté d'en demander la suppression! C'est qu'il faudrait, pour être logique,

---

[1] Tit. VI., art. 72-83. Add. art. 62-65.

[2] Rép. vᵒ Avoué, nᵒ 241. — Add. J. REY. *Des institutions judiciaires de l'Angleterre* (2ᵉ éd. 1838), I. I, p. 267, note.

remonter plus haut. Tant que les avoués auront un intérêt notable à dresser ces actes, ils n'en feront pas grâce aux parties. Voyez ce qui se passe dans les matières sommaires : l'avoué n'a pas d'émoluments à espérer de ses écritures, aussi n'en rédige-t-il pas ; et le débat n'en marche que mieux vers son issue : les avocats, chargés de défendre les parties litigantes, se communiquent préalablement leurs conclusions, et cela suffit.

Je crains beaucoup de voir les Italiens apprendre à leurs dépens que partout les mêmes institutions vicieuses engendrent les mêmes abus, et je leur conseille fort de méditer les paroles de Bordeaux, ci-dessus transcrites.

XII.

J'arrive, par une transition naturelle, à la question vitale de cette étude : Quel est le rôle des procureurs (avoués) dans la procédure ? Faut-il les maintenir ou les supprimer ? Que faut-il penser du parti adopté par le législateur italien ?

Voici le texte de l'art. 156 : « Devant les tribunaux civils et les cours d'appel, on ne peut ester en justice que par le ministère d'un procureur légalement exerçant, sauf les exceptions établies par la loi. — Devant les tribunaux de commerce, les parties peuvent comparaître personnellement, ou par le ministère d'un procureur légalement exerçant près le tribunal civil ou la cour d'appel, muni d'un mandat général ou spécial pour chaque instance. »

Ainsi, en Italie, le ministère des procureurs est *obligatoire* devant les tribunaux civils et les cours d'appel ; il est *facultatif* devant les tribunaux de commerce ; mais ici les parties ne peuvent choisir un mandataire qui n'ait pas le titre de procureur.

Je ferai d'abord quelques courtes observations sur cette seconde partie de l'art. 156 qui, à proprement parler, est étrangère à la solution du problème, la question étant de savoir s'il faut *imposer* aux parties un mandataire légal. Le rapport de M. Vacca nous apprend que la décision déposée dans l'art. 156 § 2, a été prise d'accord avec la commission du Code de commerce, et que son but est de chasser du prétoire des tribunaux consulaires les agréés et autres agents d'affaires. Il paraît, en effet, que l'Italie avait vu se reproduire l'abus signalé en France, de ces corporations d'agréés, arbitraire-ment reconnus par les tribunaux de commerce, officieusement imposés à la confiance des plaideurs, et qui se sont efforcés de modeler leurs pratiques sur celles des avoués. Bordeaux a dénoncé cette illégalité, heureusement inconnue en Belgique (1), et contre laquelle protestent énergiquement, tant l'esprit de l'art. 414 du Code de procédure civile, que la discussion élevée à ce propos, au sein du conseil d'État. Le législateur italien a eu grandement raison de couper court à toute nouvelle tentative de ce genre. Mais le moyen auquel il s'est arrêté est-il le meilleur ? Pourquoi a-t-il investi les procureurs du droit de représenter les parties au tribunal de commerce ? Les avocats n'étaient-ils pas mieux placés pour remplir cette mission ? Les plaideurs ne se verront-ils pas forcés de se confier à un double patronage, si, comme il arrive souvent, le procureur est incapable de soutenir leur cause ? Ce que je dirai plus loin répondra à ces questions; chez nous, ce sont les avocats qui représentent presque toujours les parties au tribunal de commerce.

Revenons au point délicat, et précisons nettement les caractères de l'institution qui nous occupe, en comparant brièvement les procureurs italiens aux avoués français et aux avoués belges, pour dégager le débat de certains éléments accessoires, qui ne peuvent exercer sur lui qu'une influence secondaire.

XIII.

Les avoués français sont, de fait, propriétaires de leur office, depuis que la loi des finances du 28 avril 1816 les a autorisés à présenter leur successeur à l'agrément du gouvernement. Cet office fait donc partie de leur patrimoine, et, dans les siéges importants, notamment à Paris, il a une valeur considérable. Ils sont en nombre limité, assujettis au cautionnement envers l'Etat et à la patente. Les conditions de capacité qu'on exige des postulants sont presque nulles : l'âge de 25 ans, 5 années de cléricature chez un avoué (autrement dit 5 années de routine) (2), un certificat de moralité et de capacité délivré par la Chambre des avoués. La loi du 22 ventose an XII (art. 25) prescrivait, en outre, la fréquentation du cours de procédure civile dans une faculté de droit; cette disposition

---

(1) Bordeaux, pp. 214-221. — A Genève, le ministère de procureur avait aussi été étendu au tribunal de commerce, par la Loi du 15 février 1816 sur l'organisation judiciaire (tit. XI).

(2) « Quelques notions superficielles de la loi, puisées dans la pratique seule, égarent plus qu'elles n'éclairent; l'orateur romain l'a dit : c'est l'ignorance du droit, et non la science, qui est litigieuse (Bellot). »

semble tombée en désuétude. Les fonctions d'avoué sont déclarées, en principe, incompatibles avec la profession d'avocat. Du reste, à Paris et dans les autres grandes villes, l'avocat est le tributaire de l'avoué ; c'est celui-ci qui est le *Dominus litis*, qui instruit l'affaire à sa guise, qui, au jour de l'audience, remet à l'avocat un dossier tout préparé, et qui lui solde ses honoraires.

En Belgique, les avoués sont nommés, aussi en nombre limité, par le roi, sur la présentation du tribunal ou de la cour près desquels ils doivent exercer. Leurs charges ne sont pas vénales, et ils ne sont pas soumis au cautionnement. Les conditions d'aptitude n'ont pas varié, non plus que le caractère légal de leurs relations avec le barreau. Mais, en fait, ces relations sont tout autres : sauf quelques exceptions infiniment rares, c'est l'avocat qui dirige tout le procès, c'est lui qui choisit l'avoué, et lui remet toutes préparées les conclusions et autres pièces, même sans le consulter sur la marche de la procédure. En un mot, l'avocat est le véritable représentant du client, c'est dans son cabinet que celui-ci se rend pour lui exposer ses espérances ou ses craintes, c'est sur son talent, sur son activité qu'il se repose. Quant à l'avoué, il est rare qu'il le connaisse, à peine sait-il son nom ; jamais il n'a de conférences avec ce mandataire que la loi lui inflige, et qu'il subit, parce qu'il ne peut faire autrement. On peut dire avec vérité que, chez nous, l'institution des avoués a complètement dévié de son origine ; l'avoué est l'homme de l'avocat, son aide, et souvent, tranchons le mot, il n'est que son commis. Il ne rend aucun service au plaideur, il ne le représente que par une fiction que dément l'expérience, c'est l'avocat qui lui procure ordinairement le recouvrement de son état de frais, et Dieu sait combien il a de peine pour arracher cet argent au client ! En résumé, on ne pourrait pas concevoir une antithèse plus parfaite que celle qui résulte de la comparaison de notre pratique avec celle de nos voisins.

En Italie, le régime français a définitivement succombé. Les lois du 3 mai 1857 et du 1er janvier 1859 ont aboli les offices de procureur, et proclamé la liberté de la profession, en fixant de sérieuses conditions d'admissibilité [1]. Ces lois consacrèrent pour toute la Péninsule les règles depuis longtemps suivies en Toscane et dans le duché de Parme [2].

---

[1] Une disposition transitoire a accordé aux titulaires une indemnité équivalente à la valeur moyenne des offices ; cette indemnité a été soldée en titres de rente sur l'État sarde. — Après l'annexion de la Savoie et de Nice à la France, un décret du 26 septembre 1860 y a rétabli les avoués (CHARPENTIER, *Etudes sur l'organis. jud.* 1866, p. 165).

[2] Règlement du 11 nov. 1816 pour les procureurs des causes devant les tribunaux de Toscane —Code de Parme. art. 102.

En adoptant cette réforme, on a réalisé un incontestable progrès ; on en est revenu au système inauguré par la Constituante qui, en établissant les avoués, ne voulut, à aucun prix, leur accorder un monopole. Qui dit monopole ou privilége, dit injustice. A la séance du 17 décembre 1790, une voix timide s'était élevée en faveur de la limitation de nombre ; mais l'assemblée se laissa entraîner par l'éloquente improvisation de Prieur : « Dire que le nombre des avoués sera déterminé, s'écria-t-il, c'est comme si vous disiez : Je ne veux pas que la confiance porte sur tous les hommes probes et instruits. Le droit de tout citoyen est de donner sa confiance à tout homme digne de la garantie de la loi, et la loi ne peut refuser cette garantie, ce certificat de probité et d'instruction à aucun homme qui remplit les conditions qu'elle détermine. Le malheureux plaideur trainé devant un tribunal, voyant à la porte un homme de confiance, dirait avec raison à la loi : As-tu le droit de me priver des secours de cet honnête citoyen ?.... On m'objectera que cette concurrence va augmenter les frais des procès, parce que les procureurs auront moins d'occupation... La concurrence, au contraire, fait naître l'émulation ; il faudra être honnête homme si l'on veut obtenir des clients. Si un procureur exigeait trop de frais, un salaire exorbitant et injuste, il perdrait la confiance, et bientôt l'opinion l'aurait proscrit du temple de la justice, qu'il aurait souillé ! »

Déjà, à la séance du 24 mai 1790, Thouret avait signalé comme un des abus qui déshonoraient la justice dans l'ancienne France, l'établissement « de défenseurs *privilégiés* des causes d'autrui, qui possédaient le droit exclusif de plaider pour ceux mêmes qui pouvaient se passer de leur secours (1). »

Quarante-quatre ans après, voici ce qu'écrivait l'illustre législateur d'un canton qui avait goûté les douceurs du régime inauguré, là comme chez nous, par la conquête (2) : « Sans doute, les résultats du monopole établi en faveur des procureurs (et maintenu en 1819), ont été affaiblis par la simplification de la procédure et par l'abaissement du tarif, mais ils sont loin d'avoir été détruits. Ils ont été, ils sont ce que l'expérience de tous les temps, dans toutes les carrières, a présenté comme conséquence de l'établissement du privilége, du défaut de concurrence. Le privilége écarte ou ajourne l'emploi d'hommes capables ; il s'oppose à ce qu'ils se fassent connaître et se développent ; il sacrifie leur fortune, leur avenir, à quelques

---

(1) Procès-verbal de l'assemblée constituante, tome XV.

(2) Bellot, Rapport sur la loi du 20 juin 1834, relative aux avocats et aux procureurs (Annexes à la *Loi sur la procédure civile* ; édition Schaub, p. 774.)

titulaires exclusifs. Il crée et favorise la médiocrité, le relâchement, la négligence, par l'absence de cet intérêt, de cette émulation que provoque et qu'entretient le concours de rivaux jeunes, actifs, habiles, qui, pour percer, ont besoin de se distinguer par leurs lumières, par leur régularité et leur zèle. Le privilége est donc injuste envers les hommes dont il provoque l'exclusion, quels que soient leurs talents et leur aptitude. Il est nuisible à tous ceux qui, ayant besoin de l'espèce de service dont il s'agit, se trouvent trop restreints dans leur confiance et dans leur choix..... »

On ne saurait mieux dire. Ces simples citations démontrent péremptoirement, je pense, que la limitation du nombre des procureurs ou avoués doit, en toute hypothèse, être abolie. C'est un point jugé. Passons [1].

XIV.

Ne faut-il pas aller plus loin, et faire des fonctions d'avoué et de la profession d'avocat une seule et même chose?

Le Rapport de M. Vacca nous fait connaître que la question a été examinée par la commission. « On a proposé, dit-il, de laisser aux avocats le droit de représenter les parties ; on a surtout fait valoir cette considération que si, pour les causes simples et de peu de gravité, les parties peuvent se contenter d'un procureur, elles ne peuvent se passer d'avocat dans les causes graves et difficiles. Mais l'opinion contraire a triomphé ; on a voulu maintenir intact le caractère distinctif des deux professions ; le procureur, simple officier ministériel ; l'avocat, jurisconsulte, qui dirige et discute. » Cette analyse écourtée d'un débat de cette valeur ne convaincra personne, et il nous faut creuser plus profondément, pour atteindre la solution du problème [2].

Notre organisation judiciaire est encore aujourd'hui, à peu de chose près, établie sur les bases de la Loi des 16-24 août 1790. Le point qui nous occupe a été implicitement résolu par l'Assemblée nationale. Voici comment.

Les offices, les corporations, ayant été abolis, la loi avait proclamé pour tout citoyen le droit naturel de défendre lui-même sa cause. L'ordre des avocats avait été supprimé, et les parties, souvent impuissantes à user

---

(1) La Belgique vient de supprimer le monopole des agents de change et courtiers. Pourquoi ne ferait-on pas pour les intérêts des plaideurs la même chose que pour ceux du commerce?

(2) Le rapport de M. Norsa ne dit rien de la question.

de la faculté qui leur était accordée, cherchaient en vain des hommes éclairés et honnêtes offrant des garanties suffisantes, qui voulussent se charger de les représenter en justice. Ce fut dans ces circonstances, qu'aux séances des 16 et 17 décembre 1790, il fut question d'établir des *avoués* auprès des tribunaux. La discussion peu approfondie qui précéda le vote du décret d'établissement [1] non moins que le texte adopté, font éclater dans tout son jour cette vérité incontestable : il n'est jamais venu à la pensée de l'assemblée de créer deux catégories d'hommes de loi, l'une pour la forme, l'autre pour le fond ; les mêmes officiers étaient appelés à *représenter* et à *défendre* les parties. En d'autres termes, il est évident à mes yeux que si, à ce moment, les membres du barreau n'avaient pas été dispersés, il n'eût pas été question de créer d'autres intermédiaires entre le plaideur et son juge : c'est la destruction de l'ordre des avocats qui a fait éclore les avoués.

Et, pour ne plus devoir revenir à cette partie de mon argumentation, je réponds tout de suite à une assertion que les partisans de l'institution des avoués répètent avec une touchante unanimité. On sait que le règne du décret de 1791 fût éphémère, et que, par la loi du 3 brumaire an II, les avoués furent supprimés. Nos adversaires triomphent des résultats désastreux produits par cette loi. L'expérience a été faite, s'écrient-ils, et elle vous condamne ; la France tout entière a demandé à grands cris le rétablissement des avoués.

Cela est vrai, mais on s'entête à ne voir qu'un côté de la situation. Est-ce la suppression des avoués qui a fait sombrer la loi de brumaire ? En aucune façon ; c'est le système impossible de cette loi, qui avait supprimé, non-seulement les avoués, mais toute la procédure. Les plaideurs étaient livrés, sans aucun frein, à tous les calculs de la cupidité et de la mauvaise foi. La Convention avait formé le projet insensé de faire un Code de procédure en 17 articles, oubliant cette parole profonde de Frédéric II : « Puisque l'injustice a créé un art d'embrouiller les affaires, il faut bien que la justice crée un art de les débrouiller. » Et à quelles mains était confiée la mise en pratique de la loi de brumaire ? Aux mains des *défenseurs officieux*, c'est-à-dire des agents d'affaires, des gens tarés, de toute cette tourbe de misérables qui envahissaient le prétoire pour s'engraisser des dépouilles de l'infor-

---

[1] Décret des 29 janvier — 20 mars 1791, art. 5. « Il y aura, auprès des tribunaux de district, des officiers ministériels ou *avoués*, dont la fonction sera exclusivement de *représenter* les parties, d'être chargés et responsables des pièces et titres des parties, et de faire les actes de forme nécessaires pour la régularité de la procédure et mettre l'affaire en état. Ces avoués pourront même *défendre* les parties, soit verbalement, soit par écrit, pourvu qu'il soient expressément autorisés par les parties. »

tuné plaideur, tombé dans leurs filets. Ne l'oublions pas : l'ordre des avocats n'avait pas été rétabli ; aucune condition de capacité ni de moralité n'était exigée de ceux qui briguaient l'honneur de faire entendre le langage du Droit, il leur suffisait d'un certificat de civisme; ce certificat tenait lieu de science et de conscience !

Avec de tels éléments, la meilleure loi n'eût pu fonctionner. Pense-t-on que les avoués eussent sauvé la loi de brumaire? Ce serait là une supposition téméraire, à laquelle je puis, en toute sûreté, opposer celle-ci comme beaucoup plus plausible; si quelque chose eût été capable de pallier les vices de cette législation par trop sommaire, c'eût été le rétablissement du barreau, avec ses traditions d'honneur et de délicatesse, avec les talents dont ses membres ont toujours été prodigues, avec la discipline sévère, exercée par les anciens, avec toutes les garanties offertes par l'alliance antique de l'ordre des avocats et de la magistrature.

Tenons donc pour certain que l'expérience tentée sous la loi de brumaire était faite dans des conditions inacceptables, et qu'on ne peut l'opposer aux partisans de la suppression des avoués, lorsqu'ils réclament en même temps avec énergie le maintien de tous les droits et de tous les devoirs du barreau. La mesure, dont je me fais le défenseur, ne pourrait avoir aucune chance de succès, si l'on tolérait la présence des agents d'affaires à la barre des tribunaux. Il n'en peut être ainsi : il faut réserver aux seuls avocats le droit de représenter les parties et de les défendre; et, pour que la réforme soit complète, il faut étendre ce principe à toutes les juridictions [1].

XV.

Ce que nous demandons n'est pas une innovation. Des précédents historiques imposants et l'exemple de plusieurs nations modernes peuvent être cités à l'appui du cumul des deux professions.

Les provinces les plus riches, les plus industrieuses de notre Belgique, le pays de Liége et le comté de Hainaut, n'ont connu le partage d'attributions entre deux agents judiciaires, qu'après la conquête. En France même, dès l'année 1552, les avocats d'Angers soutinrent qu'ils avaient

(1) V. ci-dessus n° XII. — Add. Code sarde (1859), art. 77, § 2 : « Le juge de paix peut toutefois ne pas admettre le mandataire non muni d'un mandat général *ad negotia*, s'il n'est avocat, procureur ou notaire, mari, ascendant, descendant, frère, oncle, neveu ou allié au même degré, de la partie qui veut se faire représenter. »

le droit de représenter les parties en justice. Des lettres-patentes recon-
nurent qu'ils étaient déjà en possession de le faire et leur permirent
d'en user de même à l'avenir. Bien plus, grâce à l'initiative de Michel
de Lhospital, l'ordonnance de janvier 1560 (art. 58) étendit cette faculté
de cumul à tous les siéges, et, pour la mise en œuvre du nouveau principe,
un édit du mois d'avril 1561 ordonna la suppression des procureurs, au
fur et à mesure des décès [1]. Les résistances furent vives et les procureurs
finirent par triompher, mais qu'est-ce que cela prouve?

En 1785, l'Académie de Châlons mit au concours la question suivante :
« Quels seraient les moyens de rendre la justice avec le plus de célérité et le
moins de frais possible? » L'émulation suscita de nombreux mémoires. L'un
d'eux, paru la même année à Londres, sans nom d'auteur, mais qui
était l'œuvre de Pétion de Villeneuve, contenait un chapitre intitulé :
« Des officiers de justice et des gens inutiles et dangereux que les tribunaux
recèlent. » N'est-il pas absurde, se demande l'auteur, qu'il y ait des gens de
loi pour la forme, et d'autres pour le fond? que celui qui traite une affaire
n'en dirige pas la marche? qu'une partie soit obligée de payer deux
défenseurs pour la même affaire [2]?

Aussi le Code de Parme (art. 95, 98, 99) avait des *avocats* pour le
tribunal suprème de révision, et des procureurs *ad lites* ou *causidici*
devant les autres juridictions, ils étaient chargés à la fois de postuler et de
plaider.

En Autriche, en Bavière, les fonctions d'avocat et d'avoué sont réunies [3]. Il en est de même dans le grand-duché de Bade, en vertu de la
loi sur l'organisation judiciaire, du 12 juillet 1864 [4]. Une législation
analogue gouverne l'Algérie et les possessions françaises de la Martinique et
de la Guadeloupe [5].

Dans le grand-duché de Luxembourg, un premier arrêté royal du 21 juin
1836 autorisa les avocats à exercer également le ministère d'avoué [6].
Cet essai ayant produit les meilleurs résultats, un nouvel arrêté du 16 mai
1842 le confirma, et la loi du 21 janvier 1864 sur l'organisation judiciaire

---

(1) DALLOZ, *Répert.* v° *avoué*, n°s 7-8.   LIOUVILLE : *Profession d'avocat*, p. 285, 286, 516.

(2) BORDEAUX, p. 80-84.

(3) Revue critique de législ. X, 87.

(4) Rev. crit. XXXIV, p. 421. — Il en fut ainsi dans la Lombardie, sous la domination autri-
chienne ; le nombre des avocats était limité.

(5) Ordonn. fr. 16. avril 1845. — DALLOZ, *Rép.* v° *avoué*, n° 51, et v° *avocat*, n°s 52 et 67.

(6) Pasinomie luxembourgeoise, 1830-1840, p. 116. — Add. Lettre explicative du procureur
général Willmar (8 janv. 1837).

a un art. 45 ainsi conçu : « Le ministère d'avoué reste compatible avec l'exercice de la profession d'avocat. Les fonctions d'avoués près la cour supérieure de justice et près le tribunal d'arrondissement de Luxembourg peuvent être exercées cumulativement ou séparément. Pour pouvoir exercer les fonctions d'avoué, il faut être âgé de 25 ans, avoir fait un stage de trois ans comme avocat, et avoir prêté le serment professionnel. L'acceptation comme la cessation des fonctions d'avoué ont lieu par déclaration au greffe. »

Dans les cantons de Vaud et de Berne, la direction des procès appartient exclusivement aux avocats.

A Genève, les procureurs (provisoirement maintenus en 1816) ont été supprimés par la loi du 20 juin 1834, sur un rapport de Bellot, où les raisons de cette suppression sont déduites, de façon à porter la conviction dans les esprits les plus rebelles [1]..... « Pour peu qu'on soit familier avec les affaires litigieuses, dit-il notamment, il est impossible de méconnaître l'étroite liaison qui existe entre toutes les parties du procès, l'influence réciproque des formes sur le fond, et du fond sur le choix et l'emploi des formes à y adapter. Le sort de la cause est attaché à ce que, d'entrée et jusqu'à son issue, elle soit comprise, dirigée et plaidée avec cet ensemble, cette unité de vues, qu'on se promettrait en vain de la coopération successive ou simultanée de deux hommes de loi, qui peuvent l'envisager et la traiter sous des faces diverses et opposées.... Cette séparation des fonctions d'avocat et de procureur ne saurait, sous aucun rapport, être avantageuse aux parties; elle ne leur est qu'onéreuse. Il y a deux personnes à employer et à payer, au lieu d'une; dès-lors augmentation nécessaire de frais. Il y a perte de temps dans l'obligation imposée à la partie de doubles conférences avec son procureur et avec son avocat, pour les mettre successivement l'un et l'autre au fait de sa cause. Le client est renvoyé tour à tour de l'avocat au procureur, du procureur à l'avocat. Les délais qu'éprouve le procès, ils se les imputent réciproquement. Enfin, il y a responsabilité partagée, et dès-lors affaiblie : on ne saurait attendre la même attention, les mêmes soins, la même sollicitude, que si la responsabilité pesait sur un seul. Le procès est-il perdu? Le procureur en attribue la perte à l'avocat, à sa plaidoirie, à la faiblesse ou à l'insuffisance des moyens qu'il a fait valoir; et l'avocat, de son côté, en rejette le tort sur le procureur qui a mal introduit, mal dirigé le procès, qui a négligé de l'instruire de tel fait, ou de lui fournir tel document. La

[1] Édition Schaub : lois annexes, p. 769-790.

moindre expérience de la pratique judiciaire justifie que ce ne sont pas là des suppositions gratuites..... »

En 1844, les avocats du royaume de Wurtemberg demandèrent la suppression des procureurs.

En 1855, les deux lauréats de l'Institut ont été d'accord pour considérer l'état de choses que nous subissons comme intolérable [1].

Enfin, le royaume des Pays-Bas est à la veille de consacrer la réforme. L'exposé des motifs, rédigé par M. Olivier [2] fait valoir les considérations les plus pressantes. Il constate que tel était, avant 1795, le droit suivi dans plusieurs des provinces bataves, droit que le Code Louis (1809) s'était empressé de sanctionner. Déjà en 1837, lors de l'introduction du Code de procédure civile (aujourd'hui soumis à révision), le système de la réunion des deux professions avait réuni beaucoup de partisans, et il fut favorablement accueilli dans les débats qui eurent lieu en 1864, à propos de l'organisation judiciaire. M. Olivier n'hésite pas à lui prédire une heureuse influence, au triple point de vue de l'expédition des procès, de l'économie dans les frais, et de l'espoir d'arriver à une transaction. Pour lui, le procureur n'est « qu'un dangereux intermédiaire et un objet de luxe. »

L'incompatibilité établie par le décret de 1810 est donc condamnée, et nous espérons bien que la Belgique ne sera pas la dernière à proclamer cette vérité.

XVI.

Quoiqu'il en soit, le législateur français s'est chargé lui-même de se donner le plus énergique démenti par la création des *Avocats à la cour de cassation* et des *Avocats-avoués*.

Les avocats à la cour de cassation exercent cumulativement la postulation et la plaidoirie; membres du barreau, ils sont en même temps officiers ministériels; ils dirigent et instruisent la procédure; ils sont soumis à des tarifs, et à l'action en désaveu; dans l'origine, la loi les appelait elle-même *avoués* [3].

---

(1) Bordeaux. Liv. II, ch. XI : *des Officiers ministériels et des obstacles qu'ils apportent à l'administration d'une bonne justice.* — Ch. XIV : *Décadence du barreau.* — L'auteur n'ose pas demander la suppression des avoués, à cause de la vénalité des charges qu'il faudrait rembourser, mais il propose d'en faire des fonctionnaires à traitement fixe. — Seligman (p. 48-56 et 126-138) se borne à copier le Rapport de Bellot, sans le citer.

(2) Liv, I, tit. X : *de la Représentation des parties devant les tribunaux.*

(3) Leur monopole doit disparaître en même temps que celui des avoués; il faut permettre à tous

Les avocats-avoués sont établis dans les villes qui n'ont pas de siége de cour d'assises. Dans notre pays, sur 26 tribunaux de première instance, on en compte 19 qui sont dans cette catégorie. Pour s'y former une clientèle, le cumul est indispensable ; aussi chaque place d'avoué qui devient vacante est immédiatement briguée par plusieurs avocats. Ceux qui échouent demeurent dans une situation extrèmement défavorable; les avocats-avoués leur font une concurrence désastreuse. Rien de plus naturel que de rétablir l'équilibre entre tous les membres d'un même barreau, et de les admettre en même temps à la postulation et à la plaidoirie. C'est dans un dessein analogue que l'ordonnance française du 27 février 1822 a modifié le décret du 2 juillet 1812, dont l'art. 3 autorisait les avoués-licenciés attachés aux siéges autres que ceux des chefs-lieu départementaux, à plaider dans toute espèce de causes [1]. Le préambule de l'ordonnance déclarait cette disposition « abusive et destructive de toute émulation dans les lieux où le barreau composé d'hommes expérimentés et d'une jeunesse studieuse, offre au public des défenseurs éclairés en nombre suffisant. » Il suffit de presser un peu ces prémisses, pour être de notre avis sur tous les points.

Ce n'est pas tout. Après avoir érigé en principe le ministère légal de l'avoué, on en affranchit les parties dans des matières fort importantes.

C'est ainsi que, devant les cours d'assises et les tribunaux correctionnels, la partie civile n'est pas tenue à recourir à ce ministère. L'instruction de la cause en souffre-t-elle? Loin de là : on recherche cette voie comme plus rapide et plus économique.

On plaide sans avoués devant les arbitres (C. fr., art. 1009).

Lorsque les parties comparaissent devant le président tenant l'audience des référés, elles peuvent encore se passer d'avoués. « Dans les cas mêmes, dit Chauveau, où les parties chargent les avoués de leurs intérèts, ce sont ordinairement les jeunes gens qui suivent les études, qui plaident ces sortes de causes, ce qui leur fournit un moyen de se préparer aux discussions du barreau. »

Dans le chapitre du Code civil, consacré à l'instruction du divorce, si grave, si compliquée, il n'y a pas de place pour l'avoué : la loi exige, en effet, que le demandeur se présente en personne; le défendeur *peut* se faire

les avocats (sous certaines conditions, par exemple six années d'exercice) de plaider et de conclure devant la cour de cassation. (V. en ce sens Code sarde, art. 600.)

(1) Il est encore en vigueur en Belgique. – En France, les Avoués-licenciés ont soutenu l'illégalité de l'ordonnance de 1822.

représenter *par un fondé de pouvoirs* (art. 245); les deux parties peuvent demander l'assistance de conseils (art. 242, 248). Cette organisation paraît fort clairement exclure l'intervention des avoués. Je n'ignore pas que l'usage est presque généralement contraire, et qu'il s'appuie sur certaines dispositions du tarif; mais on conviendra volontiers qu'elles ne peuvent prévaloir sur une loi expresse et toute spéciale.

Enfin, sans parler de quelques cas particuliers épars dans le Code de procédure français (par exemple aux art. 107, 191, 309, 507, 511, 512, 534, 572), la loi du 22 frimaire an VII dispense de l'onéreux service des avoués l'administration de l'enregistrement et des domaines, et les particuliers qui sont en litige avec elle. Cette exemption a été étendue aux débats sur les droits de succession, d'hypothéque et de timbre. L'absence de représentants légaux dans ces matières a-t-elle produit quelque inconvénient? Je n'en ai point entendu signaler. Et, chose digne de remarque, les débats sur des questions fiscales s'instruisent sur simples mémoires et sans plaidoirie [1]. Si les avoués imprimaient une si bonne marche à la procédure, ne serait-ce point dans ces procès, privés de la double garantie de la discussion orale et publique, que le besoin eût dû s'en faire sentir? Mais point : lorsque l'avocat est chargé de plaider la cause, et que l'audience est publique, alors on exige l'avoué; mais dans les cas où la parole de l'avocat est muette et la procédure secrète, on supprime l'avoué. Quelle logique!

Que dire maintenant des affaires commerciales?

Elles s'instruisent sans l'intervention des avoués. Les choses en vont-elles plus mal? L'expérience est là qui répond : depuis plus de 60 ans, les tribunaux civils et les tribunaux de commerce fonctionnent parallèlement. Où donc la justice a-t-elle été rendue avec le plus de rapidité et d'économie? Je n'examine point la bonté relative des décisions rendues (elle dépend de la capacité des juges), mais je constate que l'absence de mandataires forcés n'a engendré aucun abus. On ne dira pas que l'importance des litiges est moindre devant les tribunaux de commerce; le contraire devient plus vrai de jour en jour.

Et voyez l'anomalie! Les partisans de l'institution disent : les avoués sont utiles pour préparer la cause et la mettre en état, pour faire tous les devoirs préliminaires, toute l'instruction. Or, qu'arrive-t-il? Quand on

---

(1) Un projet de loi, soumis actuellement à notre Chambre des représentants, propose d'en revenir, à cet égard, au droit commun Étendra-t-on aux matières fiscales le monopole des Avoués? Ce serait un très-mauvais service à rendre aux parties.

plaide en premier degré devant le tribunal de commerce, alors que tout est à faire, les parties se passent d'avoués. Mais, si le jugement vient à être déféré à la Cour d'appel, et alors que l'affaire est toute instruite, il faut passer par les mains des avoués. N'est-ce pas prodigieux [1]?

On voit encore un phénomène singulier se produire aux audiences tenues par les tribunaux civils, dans les arrondissements qui n'ont pas de tribunal de commerce. Une portion des causes qui leur sont soumises est instruite par les avoués; dans d'autres, ils sont exclus. Sans doute, les magistrats et les parties, qui tout-à-l'heure voyaient les avoués à la barre, vont gémir d'être privés de leur concours, dans des affaires peut-être plus difficiles, plus embarrassées? Il n'en est rien pourtant, et tout se passe à merveille.

Revenons donc, s'il est possible, à la simplicité, à l'unité, à l'harmonie dans les lois. N'ayons pas ainsi deux poids et deux mesures, et reconnaissons l'injustice et l'inutilité du rouage, imaginé dans un intérêt fiscal par la loi du 27 ventôse an VIII, et qui n'a survécu jusqu'à présent que grâce au préjugé de l'habitude.

XVII.

Je m'étonne que le législateur italien ne l'ait pas compris, d'autant plus qu'il ne paraît pas accorder aux procureurs une confiance illimitée. On lit dans le rapport du garde des sceaux que, dans la procédure formelle, il serait dangereux que la cause ne s'instruisît point par écrit, dans des délais rigoureux, avant le jour de l'audience. « Cela favoriserait la négligence des procureurs et ouvrirait la porte aux surprises. » Craindrait-on semblables résultats si l'avocat dirigeait lui-même la procédure? Non certes; car le désir de l'avocat est d'expédier promptement l'affaire, pour donner ensuite tous ses soins à d'autres devoirs. L'avoué, au contraire, a le plus grand intérêt à prolonger le débat, car ses émoluments sont calculés, non sur le travail réel qu'il fournit, mais sur le nombre d'actes et de vacations qu'il réussit à faire surgir. Etablir l'avoué dans la procédure, c'est (qu'on veuille bien me passer l'expression) introduire le loup dans

(1) Certains esprits voudraient faire une distinction entre les avoués de première instance et ceux d'appel; maintenir les premiers, supprimer les seconds, qui n'ont pas même l'apparence d'une utilité quelconque. En attendant, les honoraires des avoués à la cour d'appel sont *doublés*. Quelle intelligente sollicitude! (V. BILLOT, *Du barreau et de la magistrature*, p. 465).

la bergerie. On ne peut lui en vouloir : sa destinée est de vivre de la formalité et rien que de la formalité. Il doit donc s'ingénier à la rendre la plus fructueuse qu'il lui est possible, et quand la loi fait une simplification d'un côté, l'avoué cherche à se rabattre sur un autre point moins bien défendu. Ainsi s'éternise une lutte de tous les instants entre la loi et l'officier ministériel chargé de l'appliquer. Celui-ci ne peut entrer dans l'esprit des réformes de la procédure, car il les considère comme une atteinte à ses prérogatives. Il mine sourdement l'œuvre élaborée à grand' peine et réussit à rendre illusoires les meilleures intentions.

Je le dis avec une conviction profonde, il est insensé de vouloir, en même temps, réviser la procédure, et maintenir les avoués : ce sont deux termes qui se détruisent; il faut choisir.

Je ne me fais d'ailleurs aucune illusion; je sais que cette corporation aura des défenseurs : est-il au monde un seul abus qui ait été détruit sans résistance? Ceux qui parleront en sa faveur ne serviront pas l'intérêt de la justice; ils se laisseront dominer par des considérations étrangères à la vraie solution que réclame le problème. Quoi qu'il en soit, examinons rapidement les objections qui se sont produites contre notre thèse [1].

Établissant un parallèle entre l'avocat et l'avoué, Dalloz s'exprime ainsi : « A l'un les régions supérieures du droit, les dons précieux de l'imagination, l'exquise sensibilité de l'artiste; à l'autre la patience du cabinet, l'exactitude des détails, le coup-d'œil sûr et prompt pour les affaires urgentes, les situations imprévues. »

Mais, pour un procès qui nécessitera la réunion des brillantes qualités de l'orateur, ainsi énumérées avec complaisance, il en est des milliers dans lesquels il serait ridicule de faire étalage d'imagination et de sensibilité, et qui veulent être traités avec ce coup-d'œil sûr et prompt, cette exactitude, ce scrupule, qu'on affecte de considérer comme le lot de l'avoué.

« On ne déciderait pas les avocats, insiste à son tour M. Bataillard, à se soumettre aux démarches que les avoués sont obligés de confier à leurs clercs, à copier des titres communiqués, à remplir des formalités de greffe ou d'enregistrement, à préparer des significations d'actes indispensables, à faire citer des témoins et assister aux enquêtes, à lever des rapports

---

(1) Voyez : DALLOZ, Rép. vᵒ Avoué, nᵒ 48. — REGNARD, nᵒˢ 89-96, 116-121. — BATAILLARD, *Origines de l'histoire des procureurs* (1869), p. 292-305. Lettre insérée, sous toutes réserves, dans la *Belgique judiciaire* (1867, XXV, p. 111-112,. — ANTHEUNIS : *De la suppression de la corporation des avoués, appréciée dans ses conséquences pour l'ordre des avocats* (1869). — ED. DE LINGE, préface au Manuel de DUCHAINE et PICARD, sur la profession d'avocat en Belgique (1869).

d'experts et des jugements, à suivre des expropriations, des ventes, des liquidations, des purges d'hypothèques, des ordres et des contributions; à avoir sans cesse l'argent à la main pour satisfaire les huissiers, les experts, les conservateurs des hypothèques, les greffiers, les imprimeurs d'affiches et d'annonces, et surtout le fisc, le fisc! véritable cause de la ruine des justiciables! à tenir une comptabilité, à présenter à leurs clients des mémoires détaillés de ces avances quotidiennes. Tout cela est incompatible avec leur profession. »

Je comprends jusqu'à un certain point ce langage, quand il s'agit du barreau français, et surtout du barreau de Paris (v. ci-dessus n° XIII). Mais, lorsque je vois des avocats belges reproduire ces objections, je me demande s'ils les prennent au sérieux. Chez nous, en effet, il faut bien le dire, les membres du barreau s'occupent déjà de tous ces détails; ils font toute la procédure devant les tribunaux de commerce, et ils la dirigent et la surveillent devant les tribunaux civils et les cours. Ils ont des études, ils tiennent une comptabilité, font des avances. Pour les détails matériels, ils ont, comme les avoués français, des clercs chargés de préparer les écritures et de faire les démarches au greffe, au bureau de l'enregistrement, à la conservation des hypothèques, chez les notaires et les huissiers.

Mais, dit-on, il faudra toujours payer toute cette besogne matérielle. Sans doute. Seulement, aujourd'hui, on paie deux choses : le travail du commis et les droits dûs à l'avoué; quand celui-ci sera supprimé, il n'y aura plus qu'une chose à payer, car, dans maintes circonstances, les émoluments de l'avoué font double emploi avec les honoraires de l'avocat.

Ce n'est pas tout : la suppression des avoués relèvera le stage qui est en pleine décadence. Les jeunes stagiaires, obligés par la loi à fréquenter les audiences, y seront attirés par la nécessité de s'initier à tous les détails de la vie judiciaire. En même temps, ils rendront à leurs patrons de nombreux services, en suivant la marche du débat, et en les remplaçant lors des règlements du rôle; ils s'accoutumeront ainsi à porter la parole au public, ne fut-ce que pour exposer les motifs d'une remise de cause sollicitée, ou pour plaider quelque incident de procédure.

Le vice commun de toutes les critiques dirigées contre notre thèse, c'est le faux point de vue auquel on se place. Il semble que nous proposions la suppression des avoués, sans en faire un corollaire de la révision du Code de 1806. Raisonner de la sorte, c'est faire bon marché du véritable état du litige. Lorsque les formalités seront en petit nombre, lorsque la procédure sera aussi simple, aussi raisonnable, qu'elle est aujourd'hui absurde et incohérente, les membres du barreau n'éprouveront plus aucun ennui à la suivre seuls, absolument comme le font déjà aujourd'hui les avocats à la cour de cassation. Ces derniers se croient-ils déshonorés, parce qu'ils exigent de leurs clients des provisions, parce qu'ils signent les pièces, les déposent au greffe, les font enregistrer, parce qu'ils stimulent le zèle des huissiers, parce qu'ils dressent un état de frais soumis à la taxe? Les faits démontrent le contraire; le barreau de la cour de cassation est composé de l'élite des avocats de la capitale. On a oublié depuis longtemps le conflit qui s'éleva jadis entre les avocats à la cour d'appel de Bruxelles, et les avocats à la cour de cassation, les premiers reprochant aux autres d'accepter le titre d'officier ministériel, de se faire donner des procurations, d'autoriser chez eux des élections de domicile, de postuler; toutes choses, disait-on alors, absolument contraires, aux antiques traditions de l'ordre. Le bon sens public a fait justice de ces reproches surannés; il jettera bas les velléités de résistance que rencontre la réforme proposée, et les avocats reconnaîtront eux-mêmes combien sont peu fondées les craintes qu'expriment certains d'entre eux au sujet de l'avenir de leur belle profession.

TROISIÈME PARTIE.

—

XVIII.

Le système de la procédure formelle devant les tribunaux civils et devant les cours d'appel se déroule dans les art. 158-388 du code italien (liv. 1er, tit. IV, ch. 1er). Je me propose d'apprécier aujourd'hui l'ensemble et les détails de ce système ; mais, que le lecteur se rassure, je ne m'occuperai que des points vraiment importants, négligeant beaucoup d'observations secondaires, et faisant néanmoins rentrer dans mon cadre certaines remarques sur la procédure sommaire et sur les règles à suivre devant les autres juridictions (art. 389-464). Dès lors, il ne me restera plus à traiter dans une quatrième et dernière partie, que des *voies de recours contre les jugements* (tit. V du livre 1er) et *de l'exécution forcée* (liv. II). Quant au troisième livre, qui renferme les diverses procédures gracieuses, il doit rester étranger à notre étude, par la raison que ces dispositions forment un simple complément du Code civil, et ne renferment d'ailleurs rien de bien original.

Pour tracer d'une manière complète la marche de l'instance, le chapitre dont je dois présenter l'analyse, est subdivisé en douze sections qui embrassent successivement : 1° l'instruction de la cause ; 2° les exceptions ; 3° la garantie et l'intervention ; 4° les preuves ; 5° les redditions de comptes et liquidations de fruits ; 6° les cautions ; 7° l'interruption et la cessation de l'instance ; 8° les conclusions du Ministère public ; 9° la discussion orale et la police de l'audience ; 10° les jugements et ordonnances ; 11° les dépens ; 12° les instances contumacielles.

A part l'intercalation dans ce tableau des 5e et 6e sections, dont je ne parviens pas à m'expliquer la présence, cet ordre est rationnel et de beaucoup supérieur à celui du législateur français, presque servilement imité par les rédacteurs du Code Sarde de 1859 (art. 143-471) [1].

Avant d'aller plus loin, rappelons l'obligation imposée aux deux parties de constituer un procureur (art. 155-161). Une particularité du régime italien, c'est l'exigence d'un mandat exprès *ad litem ;* ce mandat conféré au procureur doit être déposé au greffe. Ce n'est pas sans difficulté que cette mesure tout-à-fait étrangère aux autres législations qui ont conservé le ministère des procureurs (ou avoués) a passé dans le nouveau Code. Le rapport de M. Vacca rend compte du débat soulevé sur ce point, au sein de la commission. Pourquoi, a-t-on dit, exiger un mandat exprès de celui à qui la loi attribue qualité suffisante pour représenter les parties? La remise des pièces ne devrait-elle pas équivaloir à cette garantie? Jamais cet état de choses n'a engendré le moindre inconvénient, et à tout prendre, les parties auraient la ressource de l'action en désaveu. — On a répondu que, dans le système de liberté qui gouverne aujourd'hui en Italie l'exercice de la profession de procureur (ci-dessus n° XIII), la mesure en question est commandée par d'impérieux motifs ; le remède du désaveu serait, dans la plupart des cas, insuffisant ; et ne le fût-il pas, mieux vaut éviter un débat irritant et d'une issue douteuse. Ces raisons ont triomphé ; cela devait être [2].

La cause, avant de venir à l'audience, est soumise à une instruction écrite. A cet égard, je n'aperçois pas d'amélioration sensible apportée au système du Code français (art. 77 et suiv.). Ce système est pourtant dou-

---

(1) Je ne dirai rien des sections 2 et 3 qui présentent peu d'intérêt. Le principe de l'intervention forcée et de la mise en cause (même d'office), admis chez nous par la jurisprudence, est législativement consacré (art. 203 et 205). — Add. *Rapport de* M. Norsa, p. 76, note 55. — *Nouveau Code de procédure civile pour le canton du Vaud,* art. 150. Ce travail, très confus, n'est pas à la hauteur de la science moderne. C'est la troisième fois depuis 1826 que ce canton revise la matière. Il eût beaucoup mieux fait d'adopter de confiance la législation genevoise.

(2) Je ne comprends pas bien la critique dirigée contre l'art. 160 par la commission milanaise (*Rapport de* M. Norsa p. 65 et 66), à propos d'une prétendue lacune qui s'y trouverait. Il est de droit que la renonciation du procureur au mandat ne peut, pas plus que la révocation du procureur, avoir effet avant la notification, et pas n'était besoin d'un texte pour le dire.

blement vicieux, en ce qu'il laisse les avoués seuls maîtres de l'instruction, et en ce qu'il fixe des délais invariables pour la réponse, pour la réplique, etc.; tandis que tout devrait être contrôlé par le juge, comme à Genève, et subordonné à la nature et à l'importance de chaque affaire. N'est-il pas vrai que ni en France, ni chez nous, on n'a jamais pris au sérieux ces règles, trop précises pour se plier à la variété des espèces; et ne vaudrait-il pas mieux qu'au début du procès, et après un exposé sommaire de l'objet du litige, le tribunal fût appelé à régler, suivant les circonstances, les délais, dans lesquels les écritures préparatoires devraient avoir lieu? Ainsi l'a pensé la commission belge [1]. Il est d'ailleurs à craindre qu'on n'abuse de la faculté illimitée, accordée aux parties, de se signifier des écritures.

J'ai une autre observation à présenter au sujet de la communication des pièces. Pourquoi a-t-on abandonné l'alternative offerte jadis aux plaideurs par le Code français et par plusieurs législations de l'Italie [2], de faire cette communication, soit à l'amiable et sur récépissé, soit par la voie du greffe? Pourquoi l'art. 166 exige-t-il absolument le dépôt au greffe et la notification de l'acte de dépôt, ce qui est une source de frais considérables? Je n'aperçois pas le moindre motif à ce changement. Cependant la commission milanaise n'y trouve rien à redire. Loin de là, elle est d'avis que les prescriptions nouvelles ne garantissent pas encore suffisamment les pièces contre tout danger de perte et d'altération, et elle émet différentes vues, tant pour parer à ce prétendu danger, que pour régler la communication au cas où la cause serait pendante entre plusieurs parties [3]. Tout cela est beaucoup trop formaliste. Les procureurs, officiers ministériels assermentés, ne présentent-ils donc pas assez de garanties pour qu'on puisse, sans crainte, leur confier les pièces? Mais c'est précisément pour offrir au plaideur des intermédiaires dignes de toute confiance, que l'assemblée constituante à songé a créer les avoués! (ci-dessus n° XIV). Ne sait-on pas qu'en matière criminelle, les documents les plus précieux, ceux dont dépendent parfois la vie et l'honneur du citoyen, sont journellement à la disposition des membres du barreau, et qu'il n'est pas d'exemple d'abus, au moins en France et dans notre pays? Il est donc à regretter qu'on n'ait pas tenu compte des précédents et qu'on ait imposé ici un surcroit de précautions coûteux, inutile et humiliant pour les mandataires des parties.

(1) V. dans les documents parlementaires de la Chambre des Représentants de Belgique, le rapport que j'ai rédigé au nom de la commission (1869-1870, pp. 167 et suiv.).
(2) C. de Parme, art. 205. C. Sarde, art. 175.
3) *Rapport* de M. Nonsa, p. 67-70.

Amenée à l'audience, à la suite de certaines formalités réglementaires qui n'offrent rien de notable, la cause est appelée pour être plaidée ; et, dès ce moment, il n'est plus permis aux parties de produire de nouvelles pièces, ni de formuler de nouvelles demandes ou exceptions (1). Mais il doit en être *préalablement fait rapport par l'un des juges ou par les parties,* suivant ce que le président aura ordonné (art. 178). Voilà certes une disposition extraordinaire : où donc le président puisera-t-il les motifs de décider? Et si le rapport du juge est avantageux à la marche régulière du procès, comment appartient-il à ce magistrat d'en dispenser?

L'Exposé des motifs du garde des sceaux va nous édifier à cet égard.

Le projet rédigé sous la direction de l'éminent Pisanelli exigeait, dans tous les cas, la nomination d'un juge rapporteur; et la commission chargée de revoir ce projet, s'était prononcée dans le même sens, à une très forte majorité. Ce système aurait eu l'avantage, disait-on, d'assurer une étude plus approfondie, d'éloigner tout péril d'erreurs et de surprises, de mettre en relief le talent d'exposition et l'habileté des magistrats, enfin de ramener à des proportions plus sévères et plus nettes les débats qui vont s'élever à l'audience entre les parties.

Mais certains tribunaux réclamèrent : ils firent valoir que la nomination d'un juge rapporteur entraînerait de longs retards, que l'influence du rapporteur dans la délibération serait trop prépondérante, qu'en faisant son travail, le magistrat délégué aurait sur la cause une opinion préconçue, malaisée à dissimuler; enfin qu'il serait à craindre de voir les plaideurs se permettre, à l'occasion de l'œuvre du juge, des observations déplacées.

Mis en présence de ce conflit, M. Vacca dissimule assez peu le vif embarras qui le saisit; et, au lieu de dénouer le nœud gordien, il le tranche, par une solution transactionnelle, comme en présentent trop souvent les travaux législatifs de tous les pays. Heureusement pour le ministre, le rapport du juge avait été usité dans quelques parties de la Péninsule, réprouvé dans d'autres. On prit texte de cette variété de coutumes pour introduire l'art. 178 ; on feignit de craindre qu'une innovation brusque n'amenât une certaine perturbation, et d'espérer qu'à la longue une jurisprudence uniforme s'établirait sur ce point dans tout le royaume. (Ci-dessus n° II.) « Connaissant le vœu du législateur, dit-on, le président pourra tenir compte de la nature de la cause et des exigences locales. La divergence qui s'établira à cet égard dans les différents sièges, ne sera que

---

(1) A propos de la production de nouvelles pièces, on rencontrait encore dans l'art. 166 du Code Sarde un vestige de l'ancien *juramentum de calumnia.*

temporaire et n'offrira assurément aucun danger sérieux. » Je suis persuadé, au contraire, que la divergence s'accentuera de plus en plus, qu'ici le rapport du juge sera constamment prescrit, là toujours délaissé. Il n'en peut être autrement, car le président n'a aucun guide sûr dans l'appréciation délicate que lui confie le législateur. D'où je conclus que le choix entre les deux partis à prendre devrait être abandonné. Si l'un est bon, l'autre évidemment ne vaut rien.

La commission, dont je fais partie, a également discuté avec soin cette question du juge-rapporteur, sans contredit l'une des plus importantes de la matière [1]. Elle avait, du reste, entendu circonscrire le débat aux tribunaux siégeant en degré d'appel, car, en première instance, l'état peu avancé de la procédure permettrait rarement d'espérer de bons résultats de cette mesure. Elle s'est prononcée pour le maintien de la pratique actuelle d'après laquelle le rapport du juge n'existe pas en matière civile.

J'ajoute, pour terminer sur ce point, que le Code italien (art. 390), n'admettant jamais le rapport du juge en matière sommaire, reconnait implicitement que c'est là une complication inutile [2].

La commission milanaise voudrait faire insérer dans cette section un article additionnel qui permît aux parties de renoncer de commun accord à la discussion orale [3]. C'est encore là un *desideratum* peu réfléchi, car rien n'empêche un citoyen de renoncer à une faculté ouverte à son profit ; et, tous les jours, devant nos tribunaux, on se borne, dans les affaires simples, à la lecture des conclusions et au dépôt des dossiers, quoique le Code français suppose toujours un échange d'explications verbales à l'audience.

XIX.

La multiplicité des incidents est la lèpre des procès. Aussi le législateur italien a-t-il fait de louables efforts pour simplifier cette matière (art. 181-186). Tout incident doit être porté d'abord devant le président qui emploie ses bons offices pour mettre les parties d'accord ; et, s'il n'y réussit pas, les renvoie à l'audience. De plus, dans tous les cas d'urgence, il est investi

---

(1) Voir mon Rapport, p. 246.

(2) Cependant, à l'art. 549 (procédure formelle), supposant que l'exposition faite par les parties à l'audience est obscure, le code autorise le renvoi à une autre audience et la nomination d'un juge rapporteur. Pourquoi donc cette latitude n'est-elle pas laissée en matière sommaire ? En posant la question, je me place naturellement au point de vue du législateur italien.

(3) *Rapport* de M. Nonsa, p. 98 et 99.

du droit de vider provisoirement l'incident, par une ordonnance exécutoire nonobstant appel, imitation bien claire de notre juridiction des *référés* [1]. M. Vacca exprime hautement la confiance qu'une telle marche (qui n'avait rien d'analogue, ni dans le Code sarde, ni dans les autres législations italiennes), accélérera beaucoup l'expédition des affaires. Délais rapides, formes simples, garanties de recours, tout lui paraît bien conçu.

Je vois au contraire que la commission milanaise a fait de nombreuses observations à ce sujet [2]. Elle se plaint d'abord de ne trouver dans le Code, ni une définition exacte, ni une énumération complète des diverses variétés d'incidents. Mais quant à ce point, c'est affaire de doctrine bien plus que de législation. On entend prendre le mot dans son sens le plus compréhensif, comme embrassant à la fois les exceptions, les preuves, et les incidents proprement dits, tels que la garantie, l'intervention, la péremption d'instance, le désistement. A propos des exceptions, il me faut rendre hommage à la générosité du législateur italien qui, appelant tous les étrangers à la complète jouissance des droits civils, a nécessairement fait disparaître l'odieuse institution de la caution à réclamer de l'étranger demandeur [3].

Le rapport de M. Norsa rappelle ensuite l'abus qu'on peut faire des procédures incidentelles, et l'insuffisance du remède imaginé par l'art. 338 du Code français, tout en déclarant cependant que la marche tracée par ce dernier Code est supérieure à celle de la législation italienne. Et en effet, on ne voit pas trop comment le président parviendra à concilier des parties, souvent animées de vues hostiles, et de plus en plus irritées l'une contre l'autre à chaque incident qui surgit. Ces renvois perpétuels aboutiront seulement à grossir outre mesure l'état de frais. Le mieux serait assurément, si cela était possible, de proscrire en masse les procédures incidentelles, sauf les déclinatoires pour incompétence, et de réserver le jugement de tous les incidents pour y faire droit, en même temps que sur le fond. Mais les avocats de Milan n'osent pas proposer une innovation aussi radicale; et, disons-le franchement, elle serait inexécutable en pratique. Ils se bornent à demander qu'on impose aux plaideurs l'obligation de faire juger toutes les questions incidentelles en une seule fois et cumulativement, à peine de s'exposer à les voir joindre au fond, la partie adverse restant toujours libre d'ailleurs de consentir à une procédure séparée sur tel ou tel incident déterminé.

(1) Tit. XVI, liv. II du *Code français.*
(2) *Rapport de* M. Norsa, p. 69-76.
(3) Il en était déjà ainsi dans le Code sarde de 1859. En sens contraire, *Code de Parme,* art. 218.

Parmi les incidents les plus dignes d'attention se trouve, sans doute, la *péremption d'instance* dont les règles ont été grandement améliorées (art. 338-342.)

C'est ainsi d'abord que la péremption opère *de droit* [1]. Il en est de même, depuis longtemps, à Genève et en Hollande, tandis qu'en France et chez nous, la péremption même acquise est couverte par tout acte de poursuite ou d'instruction fait à la requête de la partie adverse, ce qui est vraiment contraire au but de l'institution, et souvent occasionne des surprises. Il va de soi que la partie peut renoncer au bénéfice de la péremption; et sa renonciation est présumée, si elle ne propose le moyen avant toute défense au fond.

D'autre part, le Code français a mal compris les effets de la péremption. En réalité, elle ne doit éteindre que la procédure.

L'ancien droit voulait que les actes, annulés en tant que procédures, fussent maintenus en tant que moyens de preuve; et c'est la même solution qui prévaut en Italie. « La péremption, porte l'art. 341, n'éteint pas l'action, ni les effets de la sentence prononcée, ni les preuves qui résultent des actes; mais elle rend nulle la procédure. » Peut-être eût-il été plus sage de s'en tenir à la distinction faite par le Code sarde (art. 466), à l'imitation de la loi genevoise, et d'admettre les parties à se prévaloir seulement des preuves qu'il n'est plus possible de se procurer d'une autre manière. La commission belge admet ce dernier système [2].

Enfin, la partie finale de l'art. 401 du Code français est également modifiée. Une part de négligence étant imputable à chacune des parties, puisqu'elles ont toutes deux laissé l'instance impoursuivie, il est juste qu'elles supportent respectivement les dépens qu'elles ont exposés.

Quant au délai de la péremption, il n'a pas été changé, malgré l'exemple donné dès 1820 par le Code de Parme, qui l'avait réduit à deux ans (art. 467), espace de temps plus que suffisant pour permettre aux plaideurs de se mettre en règle [3].

Un mot sur le désistement (*rinunzia agli atti del giudizio*) [4] qui a la plus grande analogie avec la péremption, et qui en produit les effets (art. 344-345). Il peut être fait en tout état de cause, à la différence de

---

(1) *Par l'œuvre de la loi*, disait le Code sarde (art. 464).

(2) V. mon Rapport, p. 218. Add. nouveau Code vaudois art. 116, qui ne respecte que « les réponses *sermentales* de la partie. »

(3) Voir aussi *Loi genevoise*, art. 276. Le nouveau Code vaudois (art. 114) porte *une année*.

(4) V. C. sarde, tit. XX, lib. IV : *Del recesso dalla lite.*

ce qui se passe en Hollande. Le Code italien tranche une question bien vivement controversée sous l'empire du Code français, celle de savoir si le désistement de l'instance est subordonné aux mêmes conditions d'habilitation que l'abandon du droit lui-même. Notre cour de cassation est de cet avis, parce que l'effet indirect et éloigné du désistement peut être la perte totale de l'action elle-même, et le législateur italien décide la difficulté dans le même sens, en ces termes : « Pour les personnes soumises à l'administration ou à l'assistance d'autrui, le désistement ne peut être fait et accepté que dans les formes établies par la loi pour habiliter ces personnes à ester en justice. »

XX.

Le Code français ne renferme pas de règles générales *sur l'administration des preuves en justice*. Il en est autrement du Code italien (art. 206-215) [1]. Quelques-unes de ces dispositions méritent d'être signalées. Il en est ainsi de l'art. 207 qui déclare superflue l'assistance des procureurs aux divers actes d'instruction, à moins qu'il ne s'agisse de comparution à l'audience [2]. Le même principe est consacré par la jurisprudence française. Pour l'exécution des différents moyens de preuve, les parties peuvent intervenir en personne ou par mandataire, et si elles emploient leur procureur, elles doivent le faire à leurs frais, sans répétition possible. C'est à tort que la commission milanaise voudrait faire rapporter l'art. 376, § 3, qui consacre ce dernier point [3]. Cette disposition est pleinement conforme aux principes : on ne peut faire entrer en taxe les émoluments du procureur, dès que son assistance est purement facultative; sinon, il n'y aurait pas de motif pour refuser de tarifer aussi les honoraires de l'avocat, comme dans les Pays-Bas.

Les art. 212 et 213 généralisent, pour les matières civiles, les dispositions contenues aux art. 332 et 333 de notre Code d'instruction criminelle, et réglant la comparution en justice de personnes parlant des langages différents, ou atteintes soit de surdité, soit de mutisme, situations assez fréquentes et restées imprévues dans le Code de 1806.

Il n'y a rien de neuf dans la faculté accordée aux magistrats d'envoyer

---

(1) Comparez *Loi de Genève*, tit. XII, art. 150-159.

(2) Conforme : *Code sarde*, art. 503 ; *Code de Parme*, art. 243 (*se vuole*).

(3) *Rapport de* M. Nonsi, pp. 105 et 106. — Le Code sarde avait déjà, à l'art. 503, une disposition semblable.

des commissions rogatoires pour l'exécution de leurs jugements d'instruction.

Le législateur italien ne connaît plus la distinction fertile en difficultés de tout genre, des *jugements préparatoires* et des *jugements interlocutoires;* mais, au lieu d'appliquer rigoureusement le principe que les juges ne sont pas liés par leurs jugements d'instruction, ce qui amènerait comme conséquence la prohibition de l'appel séparé de ces jugements, il est arrivé à un résultat tout contraire, et, rétrogradant ici jusqu'aux mauvaises pratiques du moyen-âge, le *nouveau Code ouvre immédiatement l'appel contre tout jugement quelconque*. En faisant connaître cette solution inattendue, M. Vacca se dispense de nous en donner les motifs; il est facile de se convaincre qu'elle est contraire à la rapidité et à l'économie si désirables dans un bon système de procédure. Pourquoi s'adresser, à grands frais, à une juridiction supérieure, peut-être fort éloignée des justiciables, tant qu'il n'existe pas de grief irréparable [1]? Pourquoi ne pas suivre ici les règles tracées par le Code d'instruction criminelle, règles d'après lesquelles l'exécution des jugements d'instruction ne peut jamais être suspendue?

On voudrait rencontrer dans notre section, la consécration de cet autre principe que le juge peut ordonner d'office toutes les mesures qui peuvent l'éclairer [2]. Il semble au contraire que le législateur italien, comme le législateur français, se soit proposé de trop restreindre l'office du juge dans l'administration des preuves : il ne s'est pas suffisamment affranchi des anciens errements, ni de la théorie des preuves légales. La loi genevoise a fait beaucoup mieux, en substituant aux règles restrictives le principe de l'intime conviction. Je vois aussi, en parcourant les différentes parties de la matière, qu'on n'a pas cherché à simplifier les écritures, et qu'on exige des procès-verbaux parfois inutiles et des ordonnances toujours superflues [3]. Cependant la marche générale de ces modes d'instruction a été notablement améliorée, ce qui n'était du reste pas difficile, les titres correspondants du Code français formant un inepte tissu de formalités longues, coûteuses, et d'une désespérante complication.

Le législateur traite successivement de l'interrogatoire des parties, du serment, des enquêtes, expertises, descentes sur les lieux (*accesso giudi-*

____

(1) V. mon Rapport p. 239 et 240.

(2) Cui jurisdictio data est ea quoque concessa videntur sine quibus jurisdictio explicari non potuit (L. 2 D. de jurisdict. 2. 1).

(3) V. *Rapport de* M. Nonsa, p. 82. Les observations que ce rapport contient sur la matière des preuves manquent de profondeur, et le Rapport officiel du garde des sceaux est absolument muet.

ziale), enfin de la vérification des écritures et du faux en matière civile (*falsita dei documenti*) [1].

Ainsi, le Code italien restitue à l'*interrogatoire* la place que mérite cette excellente mesure d'instruction, tandis que le Code français l'avait réléguée tout à la fin, et d'ailleurs maltraitée à plaisir, si bien que le rédacteur de la loi de Genève a pu écrire [2] : « Si jamais un législateur se propose le problème du mode le plus sûr de ne point atteindre la vérité, le Code français lui en fournira la solution au titre *de l'Interrogatoire sur faits et articles*. Pour éviter à la partie l'ennui de la publicité, l'embarras d'un contradicteur, pour affaiblir les conséquences de ses tergiversations et la honte du mensonge, pour lui fournir les moyens de méditer à tête reposée, de calculer ses réponses, le Code exige qu'elle soit interrogée en secret, par un seul juge, hors de la présence de son adversaire, et que les faits sur lesquels l'interrogatoire a été requis, lui soient communiqués au moins vingt-quatre heures à l'avance ! » Il aurait pu ajouter qu'il est très facile à la partie de se ménager tout le temps qui lui convient (C. fr. art. 331), et qu'on fait subir aux représentants des administrations publiques et autres personnes civiles, un simulacre ridicule d'interrogatoire (C. fr. art. 336).

Toutes ces absurdités ont disparu du Code italien ; l'interrogatoire a lieu à l'audience, du moins en principe, et aucune communication préalable des faits sur lesquels il doit porter n'est faite à la partie : la marche tracée est d'ailleurs des plus simples [3]. Néanmoins la commission milanaise voudrait que la demande d'interrogatoire ne fût recevable qu'au début de l'instance [4]. Je ne suis pas de cet avis : les évolutions du procès peuvent rendre indispensable cette mesure d'instruction qui paraissait d'abord inutile ; ce qu'il faut, c'est que le tribunal conserve le pouvoir d'écarter des demandes jetées à travers le débat, uniquement pour en éloigner la solution (V. C. fr. art. 324).

Une question que les publicistes ont mise fréquemment à l'étude est celle de savoir si la prestation d'un *serment* peut valoir comme mode de

---

(1) Quant à ces deux dernières matières, le Code français a été presque servilement copié : on n'a pas profité des remarquables observations de Bellot. sur le tit. XVIII de la Loi genevoise.

(2) Rapport sur le tit. XIII de la loi.

(3) Le Code sarde laissait encore beaucoup à désirer à cet égard (Tit. X. lib. IV. *Della prova per confessione della parte*). On peut regretter qu'il soit encore permis au tribunal de déléguer un juge pour recevoir l'interrogatoire, sans donner de motif à l'appui de la décision (Conforme C. sarde art. 274); il conviendrait de ne l'admettre qu'en cas d'absolue nécessité.

(4) *Rapp. de* M. NORSA, p. 82-84.

preuve. Le code civil italien a suivi pas à pas le législateur français, et le code de procédure n'avait plus qu'à faire fonctionner un système admis. C'est ainsi qu'il règle la manière de déférer le serment décisoire et le serment supplétif. Quant à ce dernier, il devrait, dans tous les cas, disparaître. Tel est le vœu de tous les hommes compétents [1]. « C'est un désaccord de système, a écrit Boncenne : ici on se défie du témoignage des hommes, au point de ne pas admettre la déposition du témoin le plus irréprochable ; et là, dans toutes les affaires, on autorise les juges à juger par la bouche d'une partie, qui rarement sans doute aura le courage de se condamner elle-même. » Et que dire de l'art. 1569 du code français (reproduit par l'art. 1377 du code civil italien) ? La loi dit au juge : vous aurez confiance dans la parole de ce plaideur, mais seulement jusqu'à concurrence d'une somme déterminée !

Pour ce qui regarde le serment décisoire, il paraît devoir être vu avec plus de faveur ; c'est une offre de transaction faite par l'un des parties à l'autre, un appel à la confiance, formé en connaissance de cause. Cependant M. Huc [2], après d'autres, demande la suppression totale du serment, et le qualifie, non sans raison, d'institution surannée. « Quand, dit-il, un individu prête serment dans sa propre cause, la sincérité de ce serment peut toujours être plus ou moins suspecte ; il est immoral de mettre une personne entre sa conscience et son intérêt. Un serment déféré est presque toujours prêté ; et, comme celui qui défère le serment, se déclare également disposé à le prêter de son côté, le public est fâcheusement impressionné ; et le plus honnête homme du monde qui n'a pu gagner le plus juste des procès qu'en prêtant serment en justice, laisse toujours à l'audience un lambeau de sa réputation. »

Tout cela est parfaitement vrai, et aurait dû faire réfléchir le législateur. Quoiqu'il en soit, voyons ce qu'il y a de saillant dans le paragraphe consacré à cette matière (art. 220-228).

Il existe chez nous une question très débattue : c'est celle de savoir quelle est la mission du juge, quand un serment décisoire est déféré. Il doit, sans doute, examiner si la matière est susceptible de transaction, si les parties sont capables de faire ou d'accepter la délation, si les faits sur lesquels elle porte sont personnels à celui qui doit prêter serment, enfin, si le serment renferme vraiment la solution du litige.

Mais peut-il modifier les termes de la délation, peut-il scinder la for-

(1) Regnard, nos 442-447 ; Bordeaux, p. 561 ; Latielle, p. 190-196.
(2) *Étude sur le code civil italien*, p 256 et 257.

mule? Le code sarde (art. 282) et le code de Parme (art. 400) répondaient affirmativement, mais le silence du code italien sur ce point donne à penser que ses rédacteurs ont suivi l'opinion contraire, qui est la seule juridique. Le juge doit admettre ou rejeter la formule proposée dans son entier ; la partie en est seule maîtresse : à elle de dicter à l'adversaire les conditions dans lesquelles elle entend s'en rapporter à sa conscience.

Comme sous l'empire du Code français, le serment est prêté en audience publique, à moins que, pour des motifs graves, un juge ne doive être délégué. Avant de recevoir le serment, le président, aux termes de l'art 226, doit faire à la partie qui se présente une sévère admonition sur l'importance et la sainteté de l'acte. Le Code de Parme ajoutait [1] « et sur les conséquences du parjure, en insistant tout particulièrement sur ce que le serment ne peut être entendu autrement que suivant le sens et la commune signification des paroles, et qu'il n'y a pas lieu d'en torturer le sens, ou d'y glisser quelque restriction mentale. »

Dans la législation italienne comme dans la nôtre, le serment est resté un acte à la fois religieux et civil ; aussi exige-t-on qu'il soit prêté conformément aux rites essentiels du culte auquel le comparant appartient. Il y aurait beaucoup de réflexions à faire à cet égard, mais cela m'entraînerait trop loin [2]. Je me borne à dire qu'à mon avis, si le serment doit être conservé, il devrait être envisagé comme un acte purement civil, le même pour tous les citoyens. Cet appel aux sentiments religieux, cette confusion de matières toutes différentes, sont la source de nombreuses difficultés. La société a épuisé son droit lorsqu'elle a puni le faux serment, d'après ses propres lois ; elle est impuissante à scruter les consciences : elle doit s'abstenir d'emprunter à une église quelconque ses formules et ses châtiments.

XXI.

La *preuve testimoniale* joue nécessairement un grand rôle dans les relations humaines. Les législateurs modernes s'en défient pourtant, et les principes déposés dans le Code civil français (art 1341 et suiv.) sont en pleine vigueur en Italie, avec cette différence que le taux de l'admissibilité normale de l'enquête est élevé de 150 à 500 francs, eu égard surtout à

---

(1) Art. 406. — L'art. 288 du code sarde est conforme à l'art. 226 du code italien.

(2) V. mon Rapport, p. 221-225.

la dépréciation du numéraire. C'est pour éviter les procès, et par crainte de la subornation des témoins, que la loi exige en général une preuve écrite. « Mais, sans l'usage familier de l'écriture, a dit Bellot [1], la preuve littérale, par la nécessité de recourir à une main étrangère, outre qu'elle devient onéreuse aux parties, les expose souvent aux piéges de la fraude. Tout se lie et s'appuie dans un système de lois bien ordonnées. En interdisant la preuve testimoniale, en exigeant pour la plupart des conventions la preuve écrite, le législateur doit aussi mettre la population entière à même de se passer de l'une, et d'user de l'autre sans danger. » A cet égard, il y a encore beaucoup à faire, aussi bien en France et chez nous qu'en Italie.

On sait que, d'après le Code français, l'audition des témoins est soumise à deux types bien distincts. Le premier type est *l'enquête ordinaire*, tenue en secret devant un juge délégué, avec son luxe d'écritures, son cortége obligé de nullités et son absurde théorie des reproches ; l'autre est *l'enquête sommaire* qui a lieu à l'audience du tribunal, et qui est aussi simple, aussi naturelle, que la première est compliquée et peu propre à atteindre la manifestation de la vérité. L'excellence de l'enquête sommaire ne se discute plus, la question est depuis longtemps jugée [2] : n'est-ce pas ce mode qui est en usage dans les matières criminelles, devant les tribunaux de commerce et devant les justices de paix? N'est-elle pas infiniment plus rapide et moins coûteuse? Elle seule permet aux magistrats de peser les dépositions et de confronter les témoins.

Bien que le système de l'enquête orale et publique ait été consacré à Genève dès 1819, et que l'Angleterre et les États-Unis d'Amérique n'en aient jamais connu d'autre, le Code italien ne l'accepte que partiellement [3] ; il laisse, encore ici, au tribunal, l'alternative de renvoyer l'enquête devant un juge commissaire, ou de la retenir à l'audience (art. 239 et 248). Il s'agit bien entendu de la procédure formelle : car, en voie sommaire, l'enquête a toujours lieu devant le tribunal tout entier. Cette option est fâcheuse, car il est à craindre qu'il s'établisse des usages différents suivant la diversité des siéges, et que, vaincus par l'empire des anciennes traditions, les tribunaux ne prononcent trop souvent la délégation, bien que, dans l'esprit de la législation nouvelle, l'enquête à l'audience paraisse devoir être regardée comme la règle.

---

(1) Rapport sur le titre XV de la loi genevoise.
(2) V. mon Rapport, p. 225; et les autorités qui y sont citées.
(3) Le Code de Parme et le Code sarde ne s'écartaient pas sensiblement du Code français.

Une disposition que je ne puis passer sous silence, c'est le rétablissement des enquêtes *d'examen à futur*, dont le Code sarde ne parlait pas, et qui a été emprunté au Code de Parme (art. 277). « Celui qui a des motifs fondés de craindre, porte l'art. 251, qu'il vienne à manquer plus tard d'un ou plusieurs témoins nécessaires pour faire valoir un droit ou une exception, peut demander qu'ils soient examinés *ad futuram memoriam*. » Après avoir tracé la marche à suivre, le législateur détermine les effets de la mesure en question : « L'examen *à futur* n'a pas d'autre effet que de conserver la preuve. Elle ne préjudicie à aucun des moyens qui compètent à l'autre partie pour s'opposer à l'admission définitive de la preuve, ni à la déduction des preuves contraires, et n'empêche pas la partie requérante de présenter d'autres témoins. Tant que la preuve n'a pas été admise définitivement, le procès-verbal ne peut être produit en justice, et le greffier ne peut en delivrer copie[1]. »

Le code français garde le silence sur les enquêtes *à futur ;* et, malgré l'opinion contraire de Bonnier[2], il paraît certain qu'elles sont aujourd'hui proscrites. Lors de la rédaction de l'Ordonnance d'avril 1667, les commissaires du conseil avaient préparé une série d'articles[3] pour régler l'usage de cette sorte d'instruction. Mais le premier président de Lamoignon réussit à les faire disparaître, après avoir exposé tous les abus auxquels l'institution avait donné lieu dans l'ancien droit. Les raisons qu'il fit valoir, et que tout le monde peut lire dans le procès-verbal des conférences[4], n'ont rien perdu de leur force, et elles auraient dû déterminer le législateur italien à répudier l'art. 251, dont on chercherait vainement la justification dans l'Exposé des motifs.

Sous l'empire de notre législation, ou demande s'il est permis aux parties de déroger de commun accord à la prohibition de la preuve testimoniale. L'art. 295 du Code sarde avait adopté la négative en ces termes : « On n'a pas égard aux enquêtes qui auraient lieu du consentement des parties sur des faits dont la loi défend la preuve par témoins. » Cette disposition n'étant pas reproduite par le législateur italien, je suis porté à conclure qu'il l'a désapprouvée ; et, à mon sens, il a bien fait. Je pense avec la jurisprudence française que l'art. 1341 du Code Civil n'est pas d'ordre

---

(1) Le canton de Vaud admet le même mode d'instruction qu'il appelle : *Déposition provisoire d'un témoin*, et le Code révisé en 1869 (art. 250-258) n'y change rien.

(2) *Elém. de Procéd.*, n° 571.

(3) Tit. XXIV du projet, art. 1-12.

(4) Édition in-4 de 1776, p. 528-531.

public. Il suffirait d'un commencement de preuve par écrit pour rendre l'enquête recevable. Eh bien! a-t-on dit [1], le consentement donné en justice à l'ouverture de l'enquête n'a-t-il pas autant de force? Cela me paraît certain.

En Italie, comme à Genève, les témoins peuvent comparaître volontairement (art. 238): on a en raison de ne pas voir dans ce fait un soupçon de subornation. Des mesures sont prises pour que la confrontation ait lieu, quand elle est nécessaire (art. 243) [2]. Les parents et alliés en ligne directe et le conjoint d'une des parties peuvent être entendus dans les questions d'état ou de séparation de corps (art. 256); et cela se conçoit. S'il en était autrement, il serait très difficile de se procurer la preuve de faits qui ordinairement se sont passés dans l'intimité du foyer domestique.

Du reste, le système des reproches, souvenir de la théorie des preuves légales, a été abandonné. Voici comment est conçu l'art. 257 : « Les parties sont toujours en droit de proposer les motifs qui peuvent rendre suspectes les dépositions du témoin ; ces motifs doivent être déduits en preuve, d'une manière précise. Quand les motifs de suspicion ne sont pas fondés sur un écrit, le tribunal ne peut admettre la preuve par témoins, s'il n'y a pas un concours de circonstances graves, précises, concordantes. .....En tout cas, le témoin allégué de suspicion doit être examiné, sauf au tribunal à apprécier la déposition comme de raison. » C'est la mise en pratique de cette parole de Voltaire : « Je pencherais à croire, disait-il, que tout homme, quel qu'il soit, peut être reçu à témoigner. L'imbécillité, la parenté, la domesticité, l'infamie même, n'empêchent pas qu'on ait pu bien voir et bien entendre. C'est au juge à peser la valeur du témoignage. » Déjà, le législateur de Genève était entré dans cette voie, et tel est aussi l'avis de la commission belge [3].

Nos lecteurs savent que le Code pénal français de 1810 range le témoignage en justice parmi les droits civils, et fait de l'exclusion de ce droit l'accessoire de certaines pénalités. Les art. 28 et 42 qui édictent ceci n'ont fait, au Conseil d'État, l'objet d'aucune discussion quant au point spécial qui nous occupe; et les criminalistes s'étaient élevés avec force

---

(1) Bonnier, n° 575.

(2) Il y a encore d'autres points intéressants. Ainsi, les questions nées du texte des art. 256, 285, 263 et 292 du Code français sont tranchées par le Code italien (art. 229, § 2 ; 256, § 2 ; 243 et 249), et cela dans le meilleur sens.

(3) V. Code Civil de Parme, art. 2304 et 2305, — Rapport de Bellot sur l'art. 190 de la loi genevoise — Bonnier, n°s 616 et 617. — Mon Rapport. p. 225.

contre semblable théorie. « Plus ce témoignage est suspect, disaient-ils (1), moins il est dangereux : il suffit que les juges connaissent la moralité de ce témoin et la circonstance qui le rend moins digne de foi ; il n'est pas à craindre qu'il obtienne trop de confiance. » La déposition en justice n'est pas un droit, c'est un devoir impérieux. Repousser les condamnés du prétoire, c'est bénévolement se mesurer la lumière, ce n'est pas le témoin qui est puni, c'est la personne qui ne peut se passer de son témoignage, sans s'exposer à subir une injustice. Est-ce qu'on choisit ses témoins ? Le hasard ne peut-il pas me mettre dans la nécessité de faire appel au souvenir d'hommes mal famés qui ont tout vu, tout entendu ! « Pour faire une égratignure au coupable, s'est écrié Bentham, vous passez une épée au travers du corps d'un innocent. » Aussi ne retrouve-t-on plus ces dispositions, ni dans la loi genevoise, ni dans le Code italien (2). Il est regrettable que le législateur belge n'ait pas saisi l'occasion de faire disparaître une telle énormité. Notre nouveau Code pénal n'y change rien ; et pas une voix ne s'est élevée, ni au sein de la commission ni au sein des chambres, en faveur des principes (3).

XXII.

Les dispositions du Code sarde de 1859 sur l'*expertise* (4) ont été conservées presque intactes par le législateur italien (art. 252—270). Bien que ces dispositions n'aient pas suffisamment tranché dans le vif, pour ce qui concerne l'abus des écritures, elles marqnent un incontestable progrès sur les règles en vigueur dans notre pays.

Ainsi le jugement qui ordonne l'expertise fixe le délai dans lequel le rapport devra être déposé. Trop souvent, sous l'empire du Code français, qui ne contient point pareille prescription, les opérations des experts sont interminables. Ainsi encore la consignation préalable des frais est prescrite; et, au cas d'expertise ordonnée d'office, l'action des experts est déclarée solidaire contre toutes les parties (5).

---

(1) Chauveau et Hélie, *Théorie du Code pénal*, édit. belge, tome 1er, no 188. — V. aussi Boncenne, IV, p. 527 et suiv.

(2) V. Code pénal italien de 1859 (art. 19 et 39).

(3) V. Code pénal belge de 1867, art. 51 no 4, 52, 53. — Conforme : Code pénal prussien § 12, no 4, Add. : loi néerlandaise du 29 juin 1854 (art 8).

(4) Tit. XIII, lib. IV, art. 529-537.

(5) L'art. 299 du Code de Parme voulait en ce cas, le paiement par moitié, à effectuer par chacune des parties.

Mais pourquoi persiste-t-on à exiger, comme le Code français, que la nomination d'un seul expert soit consentie par les plaideurs ? D'après le Code sarde de 1854, un seul expert suffisait quand l'objet de la contestation était modique. C'est encore trop restreindre le pouvoir du juge. Il est telle matière où c'est l'avis d'un artiste, par exemple, qu'il lui faut ; peu lui importe le sentiment de toute autre personne. Le forcer à nommer trois experts, c'est ordonner un acte véritablement frustratoire (1). J'aimerais, du reste, à voir disparaître le choix volontaire des experts : ce choix n'a jamais rien produit qui vaille; et je voudrais, dans tous les cas, une nomination d'office (2).

D'un autre côté, pourquoi l'art. 264 continue-t-il à défendre, en cas d'avis différents, de faire connaître l'avis individuel de chacun des experts ? Cette disposition surannée, empruntée au Code français, avait été au contraire répudiée par le législateur genevois, et critiquée par tous les auteurs. Ne convient-il pas que chacun porte la responsabilité de ses opinions? Ce prétendu secret d'ailleurs, dont on veut entourer les experts, n'a jamais été sérieusement gardé. Mais voici quelque chose de plus étrange. S'appropriant une excellente innovation de la loi de Genève, le Code italien permet aux juges de faire comparaître les experts à l'audience, pour obtenir des explications verbales sur leur rapport. Et il ne s'aperçoit pas que, lors de cette comparution, on connaîtra nécessairement le nom de l'expert ou des experts dissidents! Il y a une antinomie évidente entre les art. 264 et 269.

Le Code de Parme (art. 296) distinguait très nettement les deux parties du rapport : l'une contenant tout ce qui regarde la vérification des faits, devait être rédigée en présence des plaideurs; l'autre, œuvre personnelle et exclusive des experts, exposait leur avis avec ses motifs. Bien que le Code italien ne reproduise pas cette disposition, nul doute qu'elle ne soit encore en vigueur, car elle est dans la nature des choses.

Il est regrettable de voir l'art. 265 prévoir encore l'hypothèse dans laquelle tous les experts ne sauraient pas écrire. Cette mission est trop importante, trop délicate, pour qu'il convienne de la confier jamais à des gens illettrés; et d'ailleurs il faut espérer que bientôt la diffusion des lumières sera telle que les tribunaux n'éprouveront plus aucun embarras à faire de bons choix.

---

(1) CHARDON, *Réformes*, nº VIII.

(4) La commission belge le décide ainsi : V. mon Rapport. p. 227.

Une mesure d'instruction qui présente avec l'expertise la plus grande analogie, c'est la *visite* du lieu litigieux opérée par un magistrat délégué à cet effet. Le législateur italien s'en occupe avec un soin tout particulier, et traite la matière infiniment mieux que notre Code.

D'abord, l'inepte restriction que ce dernier renfermait à l'art. 295, vestige inintelligent du temps où les juges se faisaient payer leurs vacations, a heureusement disparu [1].

La descente sur les lieux est de nature à rendre d'importants services. « Nous avons vu sous le régime français, dit Bellot, des procès d'immeubles durer des années, nécessiter des plans topographiques, des expertises, des enquêtes, occasionner des frais dépassant de beaucoup la valeur du litige, entretenir les inimitiés les plus invétérées entre voisins. Une descente du juge sur les lieux aurait éclairci et terminé la contestation en un quart d'heure. »

La mission du juge qui opère la visite, est clairement détaillée; il peut, suivant les circonstances, procéder à une enquête sur le lieu contentieux. La visite peut coïncider avec un rapport d'experts.

A Genève, le tribunal entier peut, en cas de nécessité, se transporter sur les lieux, et c'est le trésor public qui fait les frais de cette descente. Sauf cette dernière disposition, qui paraît contraire aux principes de l'administration de la justice civile, le même système était consacré par le Code de Parme (art. 364). Le Code sarde ni le Code italien n'en parlent. Il en faut conclure que ces législations ont vu les inconvénients sérieux de ce mode de procéder. Je pense aussi qu'il est impossible de l'approuver, et que, sous l'empire du code français, il n'est pas permis d'y recourir [2].

XXIII.

Après ces considérations générales sur la matière des preuves, venons aux *conclusions du Ministère public*, intermédiaire obligé, dans certaines causes, entre les parties et les juges.

La section VIII de notre chapitre reproduit, à peu de chose près, la disposition de l'art. 83 du code français, en ajoutant comme le fait chez nous le décret du 30 mars 1808, que l'organe du ministère public conclut à l'audience après les plaidoiries des parties. Il en était autrement sous

(1) Elle se retrouvait au code de Parme (art. 561) et au code sarde (art. 558).
(2) Cependant la commission belge en a décidé autrement. V. mon Rapport, p. 228

le code sarde, qui exigeait des conclusions écrites. Une copie en était jointe au dossier, et lecture en était donnée avant les plaidoiries [1].

Pour les causes qui doivent être communiquées au ministère public, l'art. 346 a comblé quelques lacunes, aplani certains doutes; ce sont là des points de détail dont l'examen sortirait de notre cadre [2].

Mais ici se présente une intéressante question de principe. L'intervention du Ministère public comme partie jointe doit-elle être conservée dans les causes civiles?

La commission milanaise a examiné cette question d'une manière approfondie, et elle est arrivée à une solution négative [3]. Voici, par aperçu, les considérations qu'elle fait valoir en faveur de cette grave innovation. « Quand la société a un intérêt direct, par exemple en matière pénale, quand la sécurité publique est troublée ou menacée, quand la vie, l'honneur, les biens des citoyens sont mis en péril, l'intervention du ministère public est indispensable. Mais il n'en est pas de même en matière civile; ici, l'intérêt privé est seul directement en jeu, l'ordre social n'est pas ébranlé [4]. On dit que la dignité et le prestige de l'institution seraient amoindris si son rôle était réduit aux affaires criminelles. Mais n'est-ce pas humiliant pour la magistrature de voir à ses côtés une sorte de gardien incommode, chargé de surveiller la saine intelligence et l'application de la loi? Et cet antagonisme n'est-il pas de nature à susciter fréquemment des conflits? De deux choses l'une : où les juges sont et se croient suffisamment éclairés, et ne donnent aucun poids à l'avis du ministère public; et alors à quoi bon l'entendre? Ou ils attribuent une certaine autorité à cet avis, et alors n'est-il pas à craindre qu'ils perdent de leur pouvoir propre, et même de leur indépendance? Ajoutez à cela que, dans les matières sommaires, le ministère public n'est pas mis à même d'examiner et d'approfondir la cause. Ses paroles ne pourront donc jamais persuader les juges. De plus, dans l'organisation judiciaire actuelle, les fonctions du ministère public sont recherchées par les candidats les plus capables, comme offrant une carrière plus brillante et un avancement plus rapide. Ne vaudrait-il pas

---

(1) Lib. IV, tit. III, art. 184-186. — V. aussi art. 160, 164, 189.

(2) Par exemple, on a ajouté à l'énumération des incapables : les interdits, les *inabilitati* (qui correspondent à nos pourvus de conseil), les absents déclarés; on a textuellement dit, à propos des déclinatoires, qu'il s'agissait autant de la compétence territoriale que de la compétence à raison de la matière.

(3) Rapport de M. Nonsa, p. 92-97.

(4) Il n'est pas ici question du ministère public partie principale dans les procès sur l'état des personnes, sur les nullités de mariage, etc.

mieux chercher à attirer ces forces vives vers les fonctions de juge ? Ce serait bien plus conforme à toutes les lois économiques. Les personnes incapables et les corps moraux légalement défendus n'ont pas besoin d'une protection spéciale. Enfin, la nécessité de communiquer la cause est une source d'entraves et de retards. »

La même thèse a été soutenue récemment par un membre du barreau belge, qui a proposé quelques nouveaux arguments (1).

Cependant, l'intervention du ministère public semble devoir triompher de ces attaques : il n'est, à notre connaissance, aucune législation qui y ait renoncé ; on a pu étendre plus ou moins le cercle des affaires communicables, mais voilà tout. Si l'exécution de la loi donne lieu à certains inconvénients, ce n'est pas au principe lui-même qu'il faut s'en prendre. On ne demande pas au ministère public une stérile répétition des plaidoiries ; on veut connaître son opinion, et il lui suffit de la motiver brièvement. Une bonne raison vaut mieux que dix mauvaises, et il faut négliger ce qui ne mérite pas réfutation. On n'a pas vu, du moins en France et en Belgique, de conflit surgir entre les tribunaux et les parquets. Il n'est pas exact que la carrière du ministère public soit plus recherchée : tout dépend des aptitudes spéciales ; la fonction de juge demande plus de maturité, plus d'expérience ; celle du ministère public plus de spontanéité, quelque talent d'exposition, l'habitude de la discussion. Il est de fait que les causes communicables sont mieux instruites, mieux jugées que les autres. L'intérêt public est plus ou moins en évidence dans ces causes ; elles méritent qu'on s'y attache avec plus de soin. Ces observations suffisent pour justifier le système suivi tant en Italie qu'en France, et la commission belge l'a ratifié sans opposition (2).

XXIV.

J'arrive à la *formation du jugement*. Cette matière touche aussi à l'organisation judiciaire.

La délibération et le vote des juges ont lieu en secret. Si, au premier tour de scrutin, on n'obtient pas la majorité absolue, deux des opinions, quelles qu'elles soient, sont mises aux voix, enfin d'en éliminer une ; celle qui n'est pas rejetée est mise de nouveau aux voix avec l'une des opinions

(1) M. G. Gislain, avocat à Namur (*Belg. jud*, XXV, p. 337).
(2) Voyez mon Rapport, p. 250.

restantes, et ainsi de suite (art. 559). Le code sarde voulait, en cas de
parité de voix, qu'on retranchât celle du juge le moins ancien (art. 196).
La marche suivie en France et en Belgique est toute différente (Code
de 1806, art. 117 et 118) ; elle est plus régulière.

A Genève, les juges doivent voter séparément sur les questions de fait et
sur les questions de droit. Le rapport de M. Vacca approuve cette innovation,
mais, dit-il, c'est plutôt là une disposition réglementaire que législative.
(Voir aussi art. 206 du Code Sarde). Je crois, au contraire, qu'il faut la
proscrire ; elle est de nature à amener une confusion entre les chefs de
demande et les moyens. Peu importe comment a été obtenue une majorité
en faveur de l'une des parties, pourvu que cette majorité soit réelle [1].

Il était d'usage, paraît-il, au moins dans certaines parties de la Péninsule,
que le juge rapporteur assumât la charge de rédiger les motifs de la sentence, encore qu'il fût en dissentiment avec la majorité. C'était là, comme
l'a dit M. Vacca, troubler inutilement la conscience du magistrat, et
compromettre la bonté du jugement. De là est venue la disposition de
l'art. 559, § 3.

Le Code italien ne fixe aucun délai pour rendre la sentence, au cas de
débat contradictoire ; il exige au contraire que le jugement par défaut soit
demandé au plus tard dans les soixante jours. La commission milanaise
critique ces deux solutions [2]. D'après ses propositions, comme d'après
nos lois d'organisation judiciaire, le tribunal, une fois les débats clos,
devrait absolument prononcer dans le mois, et il faudrait supprimer l'art
583, qui met le créancier dans l'alternative de poursuivre à la rigueur un
débiteur malheureux, ou de perdre le bénéfice de l'instance entamée à sa
requête. Cela me paraît juste. A ce dernier point de vue, on regrette de
retrouver ici la rigoureuse péremption établie par l'art. 156 du Code français. La loi genevoise a eu bien soin de la faire disparaître [3].

Le système absurde des art. 142 — 145 du Code français sur la rédaction
des *qualités* a heureusement été changé. C'est dans le jugement que doit se
retrouver l'analyse des faits et l'indication sommaire des points de droit qui

(1) Boncenne, II, p. 597-410 ; Bonnier, n° 256. Notons ici la disposition de l'art. 561, n° 3 : Quand
un jugement se réfère purement et simplement aux motifs d'un autre jugement, il y a défaut de
motifs, et le jugement est nul.

(2) *Rapport* de M. Norsa, p. 100 et 101 ; 108 et 109. Add. sur le premier point, C. de Parme, art.
489. Quand le jugement est signé, il est publié à l'audience par le greffier. Il n'est pas nécessaire que
les mêmes juges assistent à la publication et au prononcé. Le jugement signé est irrévocable ; la publication faite par le greffier n'est qu'une formalité extrinsèque. Voyez art. 566.

(3) V. Bonnier, n° 373. Cependant l'art. 156 est approuvé par Bordeaux (p. 522-524).

8

étaient soulevés dans le procès. L'Exposé des motifs nous apprend que le projet exigeait une note des faits rédigée par écrit avant le jugement et sur laquelle les parties eussent été tenues de se mettre préalablement d'accord. Une marche analogue est admise par la commission belge [1] ; mais je crois que c'est à tort et qu'elle engendrera des difficultés. De deux choses l'une, ou les parties sont d'accord sur les faits, et alors la rédaction d'un exposé spécial est superflu, ou elle sont en désaccord à cet égard, et alors la prescription de la loi entera un nouveau procès sur l'ancien. « Quand, a dit M. Vacca, le fait en litige peut jaillir lucide et incontesté de l'échange des conclusions et des défenses, de la lutte judiciaire et de la discussion orale, enfin des motifs que le jugement donne en fait et en droit, le système de la rédaction du fait par un écrit séparé serait, dans ses conséquences pratiques, une stérile superfétation, embarrassante pour la marche rapide du litige, et une source de dépenses exorbitantes pour les parties. »

On ne connaît plus en Italie la nécessité d'une double signification du jugement (V. art. 147 et 148 du Code français) : le procureur étant le représentant légal de la partie, il est tout simple qu'il suffise de lui notifier tous les actes qui intéressent son client, et conséquemment le jugement lui-même. Toutefois, si la partie n'a pas une entière confiance dans son procureur, elle peut élire domicile ailleurs que chez lui, et alors c'est à ce domicile élu que se fait toujours la notification [2].

Le Code Civil italien a supprimé la faculté laissée autrefois aux juges d'accorder des délais modérés pour l'exécution de leurs jugements [3], de sorte que les art. 122-123 de l'ancien Code de procédure ont disparu du même coup. Cela est regrettable : les critiques adressées par Toullier à l'art. 1244 du Code Civil français ne sont pas fondées. Cet article renferme une disposition d'humanité, tempérant sagement l'extrême rigueur du droit.

C'est le moment de parler des *jugements par défaut* [4].

Aux termes de l'art. 581, le défendeur peut faire déclarer la contumace du demandeur, aux fins d'obtenir *l'absolution de l'instance et de la demande et le remboursement des dépens* [5]. Ce texte et quelques expressions conte-

---

(1) V. mon Rapport, p. 211.

(2) Add. C. sarde, art. 225-230.

(3) M Huc (*C. civ. italien*, p. 261) approuve cette suppression, mais elle est blâmée par Bois-
SONADE.

(4) Section XII, art. 580-588. Add. art. 190, § 2 et 192, § 2, et sur l'*Opposition*, art. 474-480.

(5) Add. C. de Parme, art. 503 : « Absous *de l'action* formée contre lui, et indemnisé des dépens
soufferts. »

nues·dans les articles suivants permettent de penser que le législateur italien a entendu trancher la grave question des conséquences du défaut-·congé. Nos lecteurs connaissent la controverse élevée sur l'interprétation de l'art. 154 de notre Code, et antérieurement sur le sens de l'art. 4, tit. XIV de l'ordonnance de 1667. Pour moi, je pense que le défaut-congé ne touche qu'à l'instance et nullement au fond du droit. Toujours est-il qu'il en est autrement en Italie. D'ailleurs, la jurisprudence française, en autorisant l'opposition au défaut-congé, entend bien que ce jugement est susceptible de produire la chose jugée sur le principe même de l'action. Cette opinion ne me semble pas juridique; la peine dépasse la faute; la simple négligence du demandeur qui ne donne par suite à la citation ne devrait pas réagir sur le droit lui-même; il suffirait de lui faire supporter les frais du procès.

Il résulte des art. 585 et 586 que, si la matière l'exigeait, le tribunal pourrait instruire sur le défaut, et, par exemple, ordonner une enquête, une expertise. Tel est d'ailleurs le vœu du législateur français lui-même, ainsi que cela résulte invinciblement des art. 150, 257 et 261 du Code de 1806 [1]. Est-il possible d'accepter aveuglément les allégations du demandeur, lorsqu'il articule des faits qui ont besoin d'être sérieusement vérifiés? Supposons que je réclame des dommages-intérêts pour une calomnie dont je prétends avoir été victime : ne devrais-je pas en fournir la justification complète? Cependant la commission milanaise voudrait introduire ici un amendement qui enjoignît au tribunal de tenir pour vrais les faits allégués, lorsqu'ils ne seraient pas contredits par les pièces [2]. Je pense que c'est aller trop loin; on ignore le motif pour lequel le défendeur ne comparait pas; et le condamner, sans connaissance de cause, ne serait-ce pas introduire dans l'administration de la justice la fausse maxime : *les absents ont toujours tort*, au lieu de suivre ce bel avertissement de Justinien : *Litigatoris absentia Dei præsentia repleatur* [3]. Si l'on m'assigne devant un juge incompétent, ou en paiement d'une dette de jeu, suis-je tenu de venir mettre sous les yeux du tribunal le texte de loi qui lui interdit de me condamner? Evidemment non, c'est dans le même ordre d'idées qu'on lit à l'art. 192 du Code italien : « Quand la partie qui avait le droit d'opposer la nullité fait défaut, la nullité doit être prononcée d'office. »

[1] V. aussi Code de Parme, art. 259; Code sarde, art. 256 et 257.

[2] Rapport de M. Norsa, p. 109-111. D'après la loi genevoise, les conclusions de la demande sont toujours adjugées sans vérification (art. 150 et 132).

[3] L. 13, § 4, *C. de judiciis* (3, 1).

La distinction, fertile en difficultés, des *défauts contre partie* et des *défauts contre avoué* (ou procureur) a disparu ; et l'opposition n'est plus reçue qu'à titre exceptionnel. Elle est ravie, en effet, au défendeur dans tous les cas où il a été *cité en personne propre*, et même une réassignation ordinaire suffit pour enlever cette faculté (art. 582, 474 et 477). Le rapport de M. Norsa est contraire à cette innovation ; il ne voit aucune raison de distinguer, et il voudrait que le défaillant eût toujours la ressource de l'opposition [1] : il en est ainsi sous l'empire du Code français ; ni le Code de Parme, ni le Code sarde n'y avaient rien changé. J'incline cependant à croire que peu de dispositions du nouveau Code sont aussi heureusement conçues. Vainement dit-on que le défendeur, quoique cité en personne propre, peut se trouver empêché de comparaître. C'est toujours par sa faute, puisqu'il peut donner une procuration. La pratique actuelle des défauts et oppositions donne lieu à des frais et à des longueurs qu'il est possible d'éviter. Une réassignation présente la même garantie que la notification du jugement par défaut, à moins qu'on n'exige, comme la commission milanaise (qui me paraît ici en contradiction avec elle-même) une notification *à personne propre, sous peine de nullité* [2], système inadmissible, qui se prête trop aux calculs de la fraude ; les Anglais en savent quelque chose. Aussi la commission belge a-t-elle cru devoir supprimer l'opposition dans tous les cas [3].

XXV.

En terminant cette partie de mon travail, je dois m'arrêter quelques instants à la grave question des *dépens*.

Il y a, sur cette matière qui mériterait à elle seule une dissertation, d'excellentes pages dans l'Exposé des motifs de la loi genevoise et dans le livre de Regnard [4]. J'y renvoie le lecteur, ne pouvant toucher ici que certains points essentiels.

Le laconisme du Code frainçais a disparu, et le Code italien entre dans de nombreux détails sur la condamnation aux dépens et sur leur liquida-

(1) P. 107 et 108 ; 126 et 127.

(2) Rapport de M. Norsa, p. 111 et 112.

(3) La *réfusion des frais préjudiciaux*, admise par notre jurisprudence, est textuellement consacrée par l'art 588 du code italien. Add. art. 102, 103 et 216 du C. sarde qui excepte seulement le cas où le jugement par défaut viendrait à être annulé.

(4) *Rapport* de Bellot (édition Schaub) pp. 109-122 ; Regnard, nos 255-259.

tion. C'est ainsi que le cas d'omission de statuer sur les dépens est prévu (art. 370) : il est alors procédé par sentence nouvelle, en voie sommaire. Il résulte de cette disposition que le juge peut condamner aux dépens, même d'office. C'est ainsi encore que l'art. 372 règle la répartition des dépens entre plusieurs parties condamnées, et tranche une difficulté en disant : « Si les parties sont condamnées pour une obligation solidaire, chacune peut être déclarée solidairement tenue des dépens [1]. »

La *distraction des dépens* peut toujours être prononcée au profit du procureur dont la partie a gagné son procès. Mais les restrictions apportées à ce droit par les art. 373 et 374 font bien voir les abus possibles de cette mesure. D'abord, la distraction ne peut être demandée que pour la portion de frais réellement avancée ; et, de plus, le client peut y faire opposition : en ce cas, dit la loi, l'import de la condamnation est déposé au greffe, jusqu'à ce que l'opposition ait été vidée. Il est vrai que le rapport de M. Norsa [2] émet quelques doutes sur la bonté de ces mesures humiliantes pour le procureur. « Peut-être, » y est-il dit, « ce dernier devrait-il même avoir, sur l'objet en litige, un privilége analogue à celui qui appartient au locateur de choses ou de services. Mais on n'ose faire aucune proposition formelle, et l'on cherche seulement à simplifier la marche à suivre pour effectuer cette opposition. » Tout considéré, je crois, avec mes honorables collègues de la commission, que la distraction des dépens offre plus d'inconvénients que d'avantages, et qu'il serait mieux de la supprimer [3].

Enfin, le législateur italien a conçu un nouveau mode de liquidation des dépens, et, ce mode, on ne saurait trop l'approuver. Il s'agit de l'obligation pour chacune des parties de joindre à son dossier une note exacte et détaillée des frais par elle exposé, de façon qu'il soit toujours facile au tribunal d'arrêter le montant de la condamnation dans le jugement lui-même. Tel est le vœu du nouveau Code [4]. Il est vrai que, par suite d'une théorie déjà critiquée (ci-dessus nos XX et XXI), la loi laisse au tribunal l'option de déléguer un juge. Mais pourquoi ? Le détail des frais est connu, les pièces justificatives sont sous les yeux du tribunal, pourquoi remettre à une époque plus ou moins éloignée, la liquidation définitive ? Cela ne

---

(1) V. Chauveau sur Carré. *Lois de la procédure civile*, question 555 et supplément. Code sarde, art.215, § 5.

(2) P. 105-105.

(5) V. mon Rapport, p. 254.

(4) V. art. 177, 552, 575.

peut s'expliquer autrement que par ce dualisme de la procédure formelle et de la procédure sommaire, et par un souvenir mal effacé des art. 543 et 544 du Code français, complétés par les dispositions du 2e décret du 16 février 1807. Avec un peu plus de hardiesse on aurait obtenu un bien meilleur résultat. Telle qu'elle est d'ailleurs, cette section *des dépens* est satisfaisante dans son ensemble.

QUATRIÈME PARTIE.

—

XXVI.

Nous sommes parvenus au titre V du livre 1ᵉʳ du Code italien (art. 465-552). Il y est traité, en 5 chapitres, des *Moyens d'attaquer les jugements.* Ces moyens se divisent en ordinaires (opposition, appel), et extraordinaires (révocation, tierce opposition, recours en cassation). La même distinction est reçue chez nous. D'après le rapport de M. Vacca, elle provient de cette circonstance que les voies ordinaires sont ouvertes en toutes causes, et les voies extraordinaires dans les cas déterminés seulement. Cette observation manque d'exactitude pour ce qui concerne l'opposition : j'ai montré en effet (ci-dessus nᵒ XXIV) que cette voie n'est admise en Italie que très-exceptionnellement [1]. Pour l'appel, au contraire, il est ouvert dans tous les cas; j'ai déjà partiellement signalé cette particularité

[1] On peut voir dans la livraison de mars 1870 de l'*Archivio giuridico,* une étude de M. Scotti sur les instances contumacielles, d'après le nouveau Code.

très notable du nouveau système, en m'occupant des jugements d'instruction (ci-dessus n° XX); j'y reviendrai tout-à-l'heure. Dans notre législation, on a coutume de rattacher la division des voies de recours à un autre mobile : ce qui caractérise essentiellement les voies ordinaires, c'est l'effet suspensif qui en résulte, tandis que cet effet est refusé, en principe, aux autres voies. On ne pourrait dire la même chose en Italie [1], puisque l'art. 514 veut que la tierce opposition suspende l'exécution quand elle est de nature à préjudicier au tiers opposant. Chez nous, au contraire, dans le même cas, l'exécution suit son cours, à moins que les juges n'en ordonnent autrement.

Avant d'aborder les règles des différents recours, le Code italien présente une série de dispositions qui leur sont communes, ce qui simplifie l'exposé qui va suivre.

C'est ainsi qu'il traite successivement des délais (art. 466-468), des personnes qui peuvent former le recours ou en profiter (art. 469-470), de l'influence, à cet égard, de l'indivisibilité et de la solidarité (art. 471). Une dernière disposition a pour objet d'organiser ce que nous appelons la *demande en interprétation*, introduite en France et en Belgique par la jurisprudence des tribunaux, malgré le silence du Code de 1806, et que M. Vacca désigne sous le nom de *correction des jugements*. Il s'agit là de faire disparaître du dispositif les erreurs de calcul et autres qui ne produiraient pas de nullité, ou d'y ajouter quelque solution omise par mégarde et résultant des motifs de la sentence [2]. La marche tracée à cet égard est très simple.

Un point vivement discuté chez nous est celui de savoir si l'expiration des délais d'appel, de cassation, etc., engendre une déchéance d'ordre public. L'art. 466 tranche la controverse dans le sens affirmatif. « Les délais de recours, dit-il, sont péremptoires. La déchéance a lieu de droit, et doit être prononcée même d'office. » Cette solution est juste; le projet belge la consacre également [3]. La juridiction supérieure manque, en cette hypothèse, du principe même qui puisse asseoir sa compétence.

Quel est le point de départ des délais? Comme dans le Code français, la notification du jugement. Ce système est vicieux; les auteurs l'ont fréquemment combattu : au moins le Code sarde en avait-il adouci les inconvénients,

---

(1) V. cep. art. 475 et 482, rapprochés des art. 503, 504, 514, § 1er.

(2) V. art. 473. - Cf. C. sarde, art. 580; − *Loi genevoise*, tit. XXII ; — *Revue critique de législ.*, X, p. 1 (article de M. NICIAS-GAILLARD).

(3) V. mon rapport, p. 242. — Conforme : *Code sarde* (1859), art. 537.

en décidant que les délais courraient même contre la partie qui a fait notifier (art. 535), disposition que le Code italien a négligé de s'approprier, de sorte qu'on se voit de nouveau en face de cette maxime : *nul ne se forclot soi-même*, et de ses conséquences absurdes. La seule thèse rationnelle consisterait à prendre pour point de départ la prononciation même de la sentence. C'est ainsi que les choses se passent en matière criminelle : le principe est déposé dans le nouveau projet hollandais, et nous n'avons pas hésité à l'adopter [1].

Des dispositions neuves et intéressantes se trouvent dans les art. 469-471. Le Code italien a cherché à faire profiter du bénéfice du recours ceux mêmes qui, après avoir figuré comme parties en première instance, ont négligé de le former en temps utile, malgré l'intérêt évident qu'ils avaient à s'en prévaloir. A cet effet, une intervention suffit, pourvu que l'intervenant déclare expressément adhérer à la demande déjà régulièrement introduite [2]. Cette intervention est même superflue, si la matière est indivisible, s'il s'agit de créanciers ou de débiteurs solidaires, à moins que l'annulation ne vienne à être prononcée par des motifs exclusivement propres à celui qui l'a obtenue [3]. C'est avec cette simplicité que le législateur de la péninsule a cru devoir trancher plusieurs difficultés graves, qui préoccupent depuis longues années les interprètes du Code français, et dont l'étude m'entraînerait trop loin [4].

XXVII.

En ouvrant l'appel, sans égard au chiffre de la demande, le Code sarde promulgué en 1859 s'était écarté des principes jadis consacrés dans les autres provinces du royaume [5]. Cependant c'est le même principe qui a passé dans le Code italien [6]. M. Vacca, dans son Rapport, s'est donné peu de peine pour justifier une détermination aussi considérable. « L'injustice, les

---

(1) V. mon rapport, p. 241. — REGNARD, nᵒ 387.

(2) Add. art. 529 (pour la cassation) ; *Code vaudois*, 517. Il ne faut pas confondre l'intervention dont je parle ici avec celle d'un tiers devant la juridiction supérieure. Celle-ci est proscrite, en thèse, par l'art. 491 (conforme à l'art. 551 du *Code sarde* et à l'art. 466 du *Code français*), sauf le droit des juges d'ordonner une mise en cause, suivant les circonstances.

(3) *Integrazione del giudizio*. Comparez les art 707 et 708 du *Règlement toscan*, et les art. 542 et 652 du *Code sarde.*

(4) V mon Rapport, p. 243, 244.

(5) V. *Code de Parme*, art. 74 et suiv. ; — *Règlement toscan*, art. 696.

(6) Art. 87 et 481.

omissions et les erreurs pouvant, dit-il, se produire dans toute instance et dans tout jugement, il ne faut jamais repousser l'appel. Par là, on évitera toutes les controverses incidentes qu'on suscite aujourd'hui pour fixer la valeur du litige. » Mais je trouve au moins étranges de telles paroles, au moment où précisément le ministre présentait une loi qui tranche toutes ces controverses de la manière la plus satisfaisante, au point de vue de la compétence (ci-dessus n° VII). Or, les principes sont les mêmes en matière de ressort. D'autre part, on oublie les mécomptes auxquels peut aboutir un recours, peut-être fondé, quand il s'agit de valeurs minimes, trop souvent ainsi absorbées en frais de procès. Je vois dans la disposition que je critique, un des points les plus vulnérables du système, et je suis certain que l'encombrement des rôles doit suffire, à lui seul, pour faire regretter aux auteurs du Code italien la décision peu réfléchie qu'ils ont cru devoir prendre.

En ouvrant l'appel contre les jugements par défaut, les art. 467 et 481 se conforment à la législation française, à cette seule différence près qu'ils font courir simultanément les délais d'appel et d'opposition, et ajoutent (ce qui paraît superflu) : « L'appel d'un jugement par défaut emporte renonciation au droit de former opposition [1]. » Il eût été mieux de suivre ici l'exemple de la loi genevoise (art. 306) et du Code Guillaume (art. 278) qui consacrent la maxime romaine : *Contumax non appellat.* C'est ainsi que les choses se passaient dans les anciennes provinces belgiques. En France, l'ordonnance du mois d'août 1539 (art. 28) était conforme, mais la règle avait été abrogée en 1667. La loi des 16-24 août 1790 sur l'organisation judiciaire gardait le silence sur cette question. On lisait, au contraire, dans la loi du 26 octobre 1790, sur les justices de paix (tit. III, art. 4) : « Les tribunaux de district ne pourront, dans aucun cas, recevoir l'appel d'un jugement du juge de paix, lorsqu'il a été rendu par défaut. » Lors de la discussion du Code de 1806, il fut proposé de conserver cette disposition, et de l'insérer au livre *des justices de paix.* Dans ses observations sur le projet, la Cour de cassation voulait même, et elle avait raison, en étendre l'application à tous les tribunaux. Mais, on ne sait pourquoi, le principe contraire l'emporta. Et cependant, le rédacteur de la Loi de Genève l'a bien dit : « L'appel présuppose un tort causé par le premier juge : comment le défaillant peut-il s'en plaindre, dès qu'il lui a plu de se taire, de se refuser à l'éclairer ? Admettre l'appel des jugements par défaut, c'est fournir

(1) V. aussi *Code de Parme*, art. 590 ; *Règlement toscan*, art. 696. — Add. Bordeaux, p. 320, note ; Seligman, p. 242.

à la partie défaillante, contre l'intention de la loi, le moyen d'éluder le premier degré de juridiction, de saisir la cour d'appel d'une instruction qui appartenait au premier juge, de rendre sans effet la double garantie d'une discussion successive devant deux tribunaux différents » [1]. C'est là, en effet, un moyen trop facile de renverser les règles de la compétence. Ajoutez que l'attitude ainsi prise décèle l'intention non équivoque de gagner du temps, et doit, par contre, inspirer aux juges fort peu de confiance dans le bon droit du défaillant.

XXVIII.

Aux termes de l'art. 482, ce n'est pas seulement l'appel interjeté, c'est aussi le délai d'appel qui empêche l'exécution [2], disposition malheureuse de nature à susciter bien des retards et des embarras. Chez nous, au contraire, l'effet suspensif n'est attaché qu'à la signification de l'acte d'appel. Il en fut de même à Rome et dans l'ancienne jurisprudence française [3]. Ne suffit-il point que la partie condamnée ait ainsi le moyen infaillible d'arrêter les poursuites, et faut-il donc la laisser maîtresse de ne former son recours qu'à la dernière minute du terme légal ?

Les délais d'appel sont fixés par l'art. 485, suivant la nature des diverses juridictions, à 60 ou à 50 jours. Je ne pense pas, quoiqu'en ait dit la commission milanaise [4], que ces délais soient trop longs pour les jugements définitifs; mais elle a raison de réclamer une réduction pour ce qui concerne les jugements incidentels.

Quant à l'appel incident, on a mis un terme aux abus si fréquents de notre pratique, en limitant sévèrement le temps pendant lequel il peut être formé [5]. L'art. 443 du Code français permettait à l'intimé d'interjeter

---

(1) Une nouvelle et excellente édition de ce Rapport et des autres travaux du savant BELLOT, ainsi que de la loi de 1819 sur la procédure civile et des lois complémentaires, vient de paraître à Genève (Cherbuliez, 1870, in-8 de 765 pag.). Elle est due à la collaboration de MM. Charles BROCHER, professeur de droit civil, membre de la cour de cassation du canton de Genève, et C. SCHAUB, ancien avocat. C'est à cette édition que je renverrai dans la suite de ce travail.

(2) Conforme *Code sarde*, art. 545.

(3) « Appellatione *interposita*, sive ea recepta sit, sive non, medio tempore nihil novari oportet. »

(4) Rapport de M. NONSA, p. 129.

(5) Quand la procédure est formelle, l'appel incident doit être déclaré au plus tard dans la première réponse qui précède l'inscription au rôle ; et quand il s'agit d'un procès sommaire, dans les premières conclusions d'audience (art. 487, § 1er). Dans le même sens : *Code sarde*, art. 565 ; *L. genev.*, art. 510, 515.

incidemment appel *en tout état de cause*. C'était là, je l'ai dit ailleurs, une latitude exorbitante qui ne peut se justifier par aucun motif plausible. L'intimé doit savoir quels sont ses griefs contre le jugement : il ne peut lui appartenir de les mettre en réserve, de laisser ainsi son adversaire dans une fâcheuse incertitude sur ses intentions. Il y avait là, du reste, une sérieuse entrave à la marche régulière et loyale de l'affaire. La commission belge est de cet avis [1].

Elle a encore suivi la voie tracée par le législateur italien à propos d'une autre difficulté qui divise aujourd'hui les jurisconsultes. Il s'agit de l'influence que doit avoir la nullité ou la non-recevabilité de l'appel principal sur le sort réservé à l'appel incident. Celui-ci n'est qu'une greffe, pour ainsi dire ; si l'arbre périt, tout s'efface [2]. Il serait inadmissible qu'un appel principal, signifié longtemps après l'expiration du délai, et partant inefficace, eût la puissance de ressusciter le droit d'appel incident au profit de la partie adverse.

XXIX.

Au premier rang des voies extraordinaires de recours, le législateur italien a placé la *révocation* des jugements [3], qui correspond exactement à la *requête civile* du Code français. On s'adresse aux juges qui ont porté la sentence, pour en obtenir la rétractation ou la révision. C'est donc un mode plus simple, plus économique, plus rapide que le pourvoi en cassation. Mais, d'ailleurs, les motifs de ce double recours doivent différer. On peut voir dans l'art. 480 du Code français la longue énumération des ouvertures à requête civile. Le Code italien en a retranché la plus grande partie (n°s 2-8), pour en faire des moyens de cassation [4]. On peut différer d'avis sur le mérite de cette transposition ; toutefois je suis porté à l'approuver, eu égard à la base du système ; on peut, sans inconvénient, revenir devant les mêmes juges, toutes les fois que la faute commise est exclusivement imputable aux parties (V. le rapport de M. Vacca). Dans le cas opposé, il convient de saisir une juridiction supérieure. Le Code français avait méconnu ce principe, en laissant parmi les moyens de requête civile le défaut de conclusions du ministère public ; je crois au contraire, que c'est là une de ces violations de solennités légales qui devraient être déférées à

(1) V. mon Rapport, p. 244.
(2) *Code italien*, art. 487, § 4.
(3) Ch. III, art. 494-509. Comparez *Code sarde*, liv. V, tit. II, ch. 1er, art. 557-580.
(4) V. art. 517 du C. *italien*. — Dans le même sens, *Code de proc. canadien*, art. 505.

la censure de la cour suprême[1]. La contrariété de jugements fournit un rapprochement du même genre. Suivant qu'il a été ou non statué sur l'exception de chose jugée, c'est à la cour de cassation ou au tribunal le dernier saisi qu'il faut s'en prendre, pour obtenir le redressement d'une situation non moins fâcheuse pour la dignité de la justice que pour les intérêts des plaideurs.

Mais l'art. 494, n° 4, renferme une disposition qui n'a pas d'analogue au Code français, et dont la bonté est fort contestable. La demande en révocation est recevable « si le jugement est l'effet d'une erreur de fait qui résulte des actes et documents du procès. Il y a erreur quand la décision est fondée sur la supposition d'un fait dont la vérité est invinciblement exclue, ou quand on a supposé l'inexistence d'un fait dont la vérité est positivement établie, pourvu, dans l'un et l'autre cas, que ce fait ne soit pas un point controversé sur lequel le jugement aurait prononcé. » M. Vacca nous apprend que le projet ne contenait rien de semblable, mais qu'on a cru devoir imiter l'exemple donné par le Code sarde ; le juge pouvant tomber dans une erreur de fait matérielle, c'est alors à lui, dit-on, mieux qu'à tout autre, qu'il importe de la reconnaître. C'est là une résurrection intempestive de l'ancienne *proposition d'erreur*, abrogée en France par l'ordonnance de 1667, et qui fut, dans l'ancien droit, une source de graves abus. Malgré la définition que l'on a tentée en Italie, il me semble qu'il planera toujours sur ce moyen beaucoup de vague et d'arbitraire, et que mieux eût valu n'en point parler.

Du reste, ici, le législateur ne s'est pas montré conséquent. Tout en proclamant que la demande en révocation est un recours extraordinaire, il l'ouvre contre les jugements de première instance, lorsque les délais d'opposition et d'appel sont expirés [2], méconnaissant ainsi une des règles fondamentales de la matière : l'expiration de ces délais ne devrait-elle pas imprimer aux sentences rendues la force indélébile de chose jugée ?

Nous ne retrouvons plus ici ni l'injuste privilége du fisc et des incapables, ni la ridicule obligation d'une consultation préalable de trois avocats, ni la distinction plus ridicule encore du *rescindant* et du *rescisoire*, pour

---

(1) La commission belge en a pensé autrement, mais j'ai voté avec la minorité. — L'ancien duché de Parme avait un *tribunal suprême de révision*, connaissant à la fois du pourvoi en cassation et des cas énumérés à l'art. 480 du *Code français* (V. *Code de Parme*, liv. 1er, tit. V, art. 80-88, et liv. II, 5e partie, tit. III, art 615-657). Add *Résol. souveraines* des 28 déc. 1821 et 6 sept. 1828, insérées dans l'édition du Code de 1835.

(2) Voir aussi, pour la cassation, art. 517, § final.

employer les termes barbares du législateur de 1806. Par contre, la salutaire disposition de notre art. 503 a été religieusement conservée ; elle consiste à proscrire un second recours du même genre contre la sentence qui intervient sur la demande en révocation. Je regrette que la commission belge n'ait pas compris l'importance de cette disposition, et qu'elle l'ait fait disparaître, contre mon avis [1].

XXX.

Le Code sarde de 1859 avait supprimé la *Tierce opposition*, mais le Code italien la rétablit. L'expérience a démontré, s'il faut en croire le rapport du garde des sceaux, que le remède attaché à l'exception de chose jugée n'est pas suffisant. « Sans descendre dans les détails, ajoute-t-il, il suffit d'observer que l'exception se tient dans les termes de la défense, tandis que le tiers peut avoir intérêt à agir. » Voilà tout ce qu'on trouve dans ce document, pour appuyer une institution surannée dont on a fait justice dans plusieurs législations, notamment en Espagne et dans le canton de Genève, et que le projet belge s'est bien gardé de reproduire. Le titre de la Tierce Opposition au Code de 1806, a donné lieu aux plus graves difficultés. Chaque interprète a un système différent. Cette voie est-elle obligatoire ? Est-elle simplement facultative ? A-t-elle au juste quelque utilité ? Est-ce bien un moyen de recours, n'est-ce pas plutôt un obstacle à l'exécution ? Que faut-il ici entendre par *tiers ?* Toutes questions vraiment insolubles ; elles se reproduiront sous l'empire de la nouvelle législation italienne, qui n'a pas même cherché à apporter dans l'exposé de la matière les développements nécessaires pour faire oublier le laconisme des rédacteurs du Code français [2].

Il fallait s'en tenir aux enseignements de la science et à la pratique des États sardes depuis 1859 ; il fallait se contenter d'introduire, comme on l'avait fait alors [3], le droit pour les créanciers de faire révoquer les jugements obtenus contre eux par fraude ou par collusion [4].

---

(1) V. mon Rapport, p. 250. L'art. 503 est à la fois conforme en droit romain et à l'ancienne jurisprudence française : *Victus nullam habebit licentiam super eadem causa supplicandi* (L. 5. C de *precibus imper. offer.*, I, 19). On lisait dans l'art. 146 de l'ordonnance de Blois (1579) : « Celui qui aura obtenu requête civile contre un arrêt, et en aura été débouté, ne sera plus reçu à proposer erreur contre le principal arrêt, ni contre l'arrêt donné sur la requête civile. Pareillement, celui qui aura proposé erreur et en aura été débouté, ne sera plus reçu à proposer erreur ni requête civile. » Add. RODIER, *Questions sur l'ordonn. de* 1667, tit. XXXV, art. 41.

(2) V. *Code italien*, art. 510-516 ; — et sur la suppression de cette voie de recours, mon Rapport, p. 258.

(3) *Code sarde*, art. 581-585.

(4) V. dans le même sens le Projet belge, tit. de la *Révision des jugements*, art. 2.

XXXI.

A l'exemple du Code sarde, auquel il apporte peu de modifications, le nouveau Code règle d'une manière fort remarquable la *Procédure en cassation*. Nos lecteurs savent que le législateur français avait négligé de comprendre cette matière dans ses préoccupations, et que nous sommes encore aujourd'hui régis par le règlement du conseil de 1738, rajeuni de temps à autre par quelques dispositions éparses et incohérentes.

En Italie, la Chambre des requêtes a été supprimée: c'est là, tous les publicistes en conviennent, un rouage entièrement superflu, qui cependant avait été conservé par le Code sarde de 1859, et qui se trouve encore en pleine vigueur en France. Le royaume de Naples avait réussi à s'en débarrasser dès l'année 1819, et la Belgique, lors de la réorganisation judiciaire de 1832.

La procédure est écrite pour la plus grande partie, et peu différente, au fond, de celle que nous suivons. Les délais du pourvoi sont plus longs que ceux d'appel ou de révocation. Pourquoi ? M. Vacca nous apprend que c'est à cause de la gravité de ce recours et de ses conséquences. Je n'y vois pas grand inconvénient, puisque l'exécution du jugement ou de l'arrêt n'est pas suspendue, du moins en principe; car il en devrait être autrement dans les matières de divorce, nullités de mariage et autres où l'exécution serait fatalement irréparable (art. 520). Mais précisément, en ces cas exceptionnels, les délais peuvent être abrégés par ordonnance du président (art. 537).

La recevabilité du pourvoi reste subordonnée à une consignation d'amende (art. 521), disposition injuste et mauvaise, dont nous avons su récemment nous affranchir (1). L'usage régulier d'une voie de recours autorisée par la loi ne devrait jamais être entravé.

Si le pourvoi est déclaré non recevable, il n'est pas possible de le renouveler, fût-on encore dans les délais (art. 528 § final). Cette solution est certainement trop rigoureuse, et la commission belge l'a condamnée.

La marche de l'instruction est accélérée par l'art. 535 qui impose au greffier l'obligation de constater le défaut de réponse, aussitôt après l'expiration des délais, de manière à permettre au président de nommer sans retard le rapporteur, tandis qu'en France et en Belgique, l'affaire est trop

(1) Loi belge du 31 mars 1866.

souvent enrayée par le mauvais vouloir ou par la négligence des parties. On ne rencontre plus dans le Code italien la faculté de déposer un mémoire ampliatif, autre vice du système français. Dans le même ordre d'idées, je dois encore noter que le pourvoi incident n'est pas admis.

Les conséquences de la cassation sont très-nettement tracées par les art. 542-544. On précise les hypothèses dans lesquelles il n'y a lieu à aucun renvoi. L'art. 592 du Code sarde était toutefois plus complet à cet égard. A quoi bon saisir une autre juridiction, quand l'arrêt est annulé soit pour contrariété de jugements, soit pour avoir révoqué un jugement passé en force de chose jugée? Dans ces cas, l'exécution du premier jugement ou du jugement qui a force de chose jugée, doit suivre son cours. A plus forte raison n'y a-t-il pas lieu à renvoi, lorsque la Cour proclame l'incompétence radicale du pouvoir judiciaire.

Enfin, il est déclaré, à l'art. 549, que les arrêts de la cour de cassation ne sont sujets ni à opposition, ni à révocation. C'est avec raison que toute voie de recours est ici écartée. Si le défendeur garde le silence, c'est sans doute parce qu'il a vu dans la décision attaquée une flagrante violation de la loi, ou qu'il est, au contraire, persuadé de la bonté de sa cause et qu'il a foi dans la sagesse de la cour ; et, d'autre part, les ouvertures à révocation ne peuvent guère se rencontrer ici (1).

XXXII.

Je passe à un autre ordre d'idées.

Il s'agit maintenant d'étudier le système italien sur l'*exécution forcée des jugements*, des ordonnances et des actes reçus par un officier public (*fructus et finis legis*). Cette matière, aussi importante que difficile, est traitée dans le Livre II, et répartie en cinq titres (art. 553-777), suivant un ordre plus méthodique que celui du Code français. Après un exposé de quelques règles générales (titre 1er), il est successivement question de l'exécution sur les biens meubles et sur les immeubles (tit. II et III). Le titre IV contient des dispositions spéciales sur l'exécution par remise ou délaissement des biens qui ont directement fait l'objet du litige (2) ; enfin, il

(1) V. sur ces points mon Rapport, p. 251.

(2) V. art. 742-749. Dans le même sens : *Code sarde*, liv. VI, tit. XII ; *Code de Parme*, liv. III. tit. VII ; *Loi genevoise*, tit. XXXII (Du délaissement forcé). La procédure dont il s'agit est des plus sommaires.

est parlé, au titre V, de l'arrêt personnel ou de la contrainte par corps, dont je ne dirai rien ici, étant de ceux qui attendent impatiemment l'abolition complète de cette institution barbare, inutile et anti-juridique [1].

Quelques mots d'abord sur le titre 1er.

Parmi les règles générales qui s'y trouvent énoncées, et dont la plupart ne s'écartent guère des principes de notre législation, je remarque ce qui est dit sur les titres exécutoires (art. 553-560). Le rapport du garde des sceaux mentionne une proposition faite dans le cours des travaux préparatoires. Il s'agissait de reconnaître, à l'instar de quelques législations [2], le caractère exécutoire aux actes sous signature privée. Cette idée a justement été repoussée. On a jugé à propos de rejeter tout à la fin du Code (liv. III, tit. XII, art. 941-950), ce qui concerne l'exécution des jugements rendus et des actes passés en pays étranger. Je n'ai pas à m'arrêter sur cette matière, remarquablement traitée sous toutes ses faces, dans les articles de M. Asser, que la *Revue* a publiés [3]. Je me bornerai à dire que le législateur italien s'est placé sur ce point, à la hauteur de la science du droit international, et que la commission belge chargée de préparer la révision du Code a été heureuse de suivre la même voie [4]. Il est assurément très regrettable que son système vienne d'être repoussé par la commission de la Chambre des Représentants [5], sous des prétextes qui ne résistent pas à l'examen, et que j'aurai, quelque jour, l'occasion de réfuter.

L'art. 560 est la reproduction de l'art. 877 du Code civil français, relatif à la force exécutoire des titres contre les héritiers du débiteur; seulement le délai qu'il faut leur laisser à partir de la notification est réduit à 5 jours. Le réglement toscan se bornait à reconnaître cette force (art. 798), sans prescrire aucun délai; mais la loi genevoise (art. 399-401) s'était conformée à notre législation ; et le nouveau Code vaudois a fait de même [6]. Il n'est donc plus vrai de dire dans le droit moderne, comme jadis dans la France coutumière : *Le mort exécute le vif, mais le vif n'exécute pas le mort.* Cette maxime était contraire aux principes, et la nécessité de

(1) La *Revue de Droit international* s'est déjà plusieurs fois occupée de la contrainte par corps V. tome I, p. 17, 31, 340 et 530; tome II, p. 42. — « Les contrats ont les biens pour objet ; c'est donc sur les biens que l'exécution doit se poursuivre. » (REGNARD, n° 558)

(2) V. notamment : *Loi hessoise* du 31 décembre 1829; *Nouveau Code vaudois*, art. 540.

(3) Tome I, p. 82, 408, 475.

(4) V. mon Rapport, p. 188 et 189.

(5) V. *Documents parlementaires de Belgique*, 1869-1870 (Chambre des Représentants), p. 487 et 488 (Rapport de M. THONISSEN).

(6) Art. 516 et 539; d'après cette dernière disposition, aucun délai n'est requis s'il s'agit d'une succession bénéficiaire.

recommencer le procès contre les héritiers ne profitait qu'au fisc et aux procureurs. Bien plus, aux termes de l'art. 569 du Code italien « au cas de décès du débiteur, l'exécution commencée peut se continuer contre les héritiers, sans qu'il faille ni la suspendre ni la recommencer » [1]. On part sans doute de cette idée que l'éclat d'une exécution n'a pu rester ignoré des héritiers présomptifs, et qu'il leur incombe de prendre, dès le jour du décès, les mesures nécessaires pour l'arrêter.

Dans le système français, le créancier peut cumuler, en général, les diverses voies d'exécution que la loi déclare ouvertes. Il est vrai que le Code de 1806 ne renferme aucune consécration expresse de ce principe ; mais il résulte suffisamment de son esprit, et de plusieurs dispositions du Code civil [2]. Le législateur italien a cru devoir s'en expliquer textuellement. « Le créancier, porte l'art. 567, peut exercer cumulativement les divers moyens d'exécution autorisés par la loi. Si le cumul paraît excessif, le tribunal peut restreindre la poursuite et même condamner le créancier à des dommages et intérêts » [3]. Il en est ainsi dans la plupart des Codes modernes, notamment dans ceux de Genève (art. 406-407), des Pays-Bas et de Vaud. La législation romaine au contraire, et, à sa suite, les anciennes constitutions sardes, le Code de Parme (art. 655), et le Droit allemand proscrivent le cumul comme trop sévère et aboutissant à priver le débiteur de ressources qui peut-être allaient le mettre à même de satisfaire en peu de temps ses créanciers [4]. Il ne faut pas hésiter à réprouver ce dernier système, comme essentiellement funeste au crédit, et propice aux chicanes. « Il convient, a dit M. Vacca, que le créancier trouve un moyen de triompher de la mauvaise foi ; que, serrant de toutes parts le débiteur, il réussisse à obtenir son paiement, qu'on n'assiste plus à ce spectacle d'un débiteur, se laissant poursuivre sur certains biens, et profitant de cette situation pour dissiper et soustraire impunément les autres [5]. » Déjà le Code promulgué en 1854 dans le royaume de Sardaigne avait, par l'art. 663, rendu hommage à cette vérité.

(1) Conforme : *Code sarde*, art. 698, 699 ; *L. genev*, art. 399.

(2) Art. 2069 (emprunté à l'Ordonn. de 1667, tit. XXXIV, art. 15), 2092 et 2095. V. à titre de dérogation au principe, art. 2206 et 2209.

(3) Add. art. 583 et 584, et *C. civ. italien*, art. 2078, nouveau *Code vaudois*, art 705, 706.

(4) Voyez, pour plus de détails sur cette divergence : Foelix, *Droit intern. privé*, éd Demangeat, nos 514-530.

(5) Dans le même sens : *Rapport de* Bellot, (édition Brocher, p. 185-186) ; Seligman, p. 257-260.

XXXIII.

On n'a jamais cru pouvoir gouverner par les mêmes règles l'exécution sur les meubles et l'exécution sur les immeubles. La première est plus rapide, moins formaliste, à raison précisément de la nature de ces objets facilement transportables et dont l'usage convient au grand nombre. La dépossession de la propriété immobilière est considérée comme un acte d'une haute gravité, et le législateur l'entoure de nombreuses garanties. Du reste, sur l'un et sur l'autre points, le système français est très défectueux, et nous allons voir qu'il a été singulièrement amélioré en Italie.

Le titre II, intitulé : *De l'exécution sur les biens meubles,* nous occupera d'abord. Il se subdivise en neuf chapitres[1].

Toute saisie mobilière doit être précédée d'un commandement. Les règles relatives à cet objet ont été déduites au titre précédent (art. 562-566). On y voit que le commandement est périmé de droit lorsqu'il s'est écoulé 180 jours, sans qu'il ait été procédé aux actes d'exécution. Le débiteur a droit à un court délai pour réunir ses dernières ressources, à moins qu'il n'y ait péril en la demeure, auquel cas la saisie peut avoir lieu immédiatement, en vertu de permission du juge[2]. Du reste, l'opposition au commandement ne suspend point l'exécution ni la continuation de la saisie. Il n'y a, dans tout cela, rien de bien nouveau. Le Code vaudois, au contraire, vient de substituer au commandement, acte d'huissier très coûteux, une simple lettre chargée à la poste. Il y a peut-être là le germe fécond de toute une réforme.

Ce serait le moment de traiter des choses insaisissables. Mais le Code italien n'a pas modifié les dispositions du Code sarde, et M. Lavielle a écrit un de ses meilleurs chapitres [3] pour établir la supériorité de ces dispositions sur celles du Code français; je puis donc me dispenser d'en parler. J'aime mieux appeler l'attention de mes lecteurs sur d'autres points moins étudiés : l'assistance de témoins à l'acte de saisie chez le débiteur, la présence de la partie poursuivante, la question des gardiens [4].

---

(1) En voici les titres : Dispositions préliminaires. — Biens meubles qui peuvent être saisis. — Saisie chez le débiteur. — Saisie des fruits. — Saisie en mains tierces. — Vente des objets saisis. — Oppositions et demandes en distraction. — Distribution des deniers. — Appel contre les jugements rendus dans les instances d'exécution mobilière (art. 577-658).

(2) Art. 577, 578, 624 ; *Code sarde,* art. 704 et 705.

(3) *Études sur la procédure civile,* chap. X, nos 4-16, p. 497 et suiv.

(4) V. au chap. III, les art. 593 et 594, 595, 599-605.

Et d'abord, comme chez nous, l'huissier ne peut opérer sans être accompagné de deux témoins. Leur inutilité est devenue proverbiale, tout le monde en réclame la suppression [1]. On sait quelle sorte de gens se mettent à la solde de l'huissier, pour vivre de ce métier. Quelle garantie veut-on que leur présence ajoute à l'intervention d'un officier public ? Pour être logique, il eût fallu, comme dans l'ancienne jurisprudence française, prescrire les témoins pour tous les actes d'huissier. Jadis cela s'expliquait, alors que les sergents exploitaient verbalement, mais déjà en 1699 une ordonnance royale avait supprimé les *records*, « l'expérience ayant fait connaître que plusieurs des huissiers et sergents se servent de records les uns aux autres, et se confient réciproquement leur signature pour se dispenser d'être présents. » De nos jours, les notaires français ont suivi le même exemple, et chose scandaleuse, cet abus a été sanctionné par la loi [2]. Déjà au Conseil d'État, lors de la discussion du Code de 1806, Regnaud signalait l'habitude des huissiers de prendre toujours les mêmes témoins, ce qui, disait-il, facilitait les faux ; Treilhard reconnaissait que l'inconvénient existait, tout en ajoutant qu'il ne voyait pas quel remède on pouvait y apporter. Le remède était pourtant bien simple, il fallait retrancher la cause du mal. Ainsi fit-on à Genève dans la loi de 1819 : il est vrai que l'essai de réforme fut timide ; les témoins devaient être remplacés par un second huissier [3]; mais une loi du 24 mars 1852 (art. 5) a fait table rase de cette superfétation.

Notre législation défend au poursuivant d'accompagner l'huissier; elle craint, non sans raison, des récriminations et des rixes, et sa prescription à cet égard a été sagement maintenue en Hollande et dans le canton de Genève. Il en était de même dans l'ancien duché de Parme (art. 766 du Code); mais le Code Sarde de 1859 en disposait autrement (art. 709), et le législateur italien l'a suivi. C'est un grand tort, la supériorité de l'ancienne prohibition est incontestable [4]. On ne voit pas l'avantage de l'intervention personnelle du saisissant; on en voit trop les dangers.

L'établissement de gardiens me paraît encore tenir à des idées qui ont fait leur temps. Dans l'ancien droit, cela était nécessaire pour éviter une seconde saisie sur les mêmes objets, et pour conserver par là le privilége

---

[1] Bordeaux, p. 21 et p. 576, note ; Regnaud, n° 551 ; Lavielle, p. 494-497.

[2] *Loi française* du 21 juin 1843.

[3] V. dans l'édition Brocher, le *Commentaire* de Bellot, p. 198-200; les raisons qu'il donne ne sont pas concluantes. La même édition donne (p. 460) le texte de la loi du 24 mars 1852.

[4] Lavielle, p 493.

du premier saisissant [1]; mais ce privilége à disparu (ci-après n° XXXV).
Le choix des gardiens est tout aussi difficile que celui des témoins. Aussi,
un édit de 1674 voulut introduire l'usage de s'en passer. Malheureusement,
l'expédient qu'il imagina n'était pas heureux; il créait des bureaux où les
objets saisis devaient être déposés et vendus [2]. Cette disposition ne fut
jamais exécutée; les inconvénients pratiques en ont été signalés plusieurs
fois [3] : ce qui n'a pas empêché le législateur genevois de se l'approprier de
nouveau, quitte à la réduire, en fait, à l'état de lettre morte [4].

Mais pourquoi ne pas laisser les objets à la garde du saisi? Craint-on
qu'il les détruise ou qu'il les détourne? La nomination d'un gardien ne
suffirait point pour l'en empêcher. Le moyen le plus naturel est de le
frapper d'une peine analogue à celle qui atteint le vol ou l'abus de confiance [5]. On le laisse bien en possession des immeubles, alors pourtant
qu'ils sont couverts de fruits et de récoltes. De plus, le salaire des gardiens
est une des plus fortes dépenses de cette procédure; en cherchant à
l'éviter, on rendrait un grand service à tout le monde [6].

J'ai peu de chose à dire sur la saisie des fruits non encore séparés du
sol [7]. Cette voie d'exécution n'était guère connue dans l'ancien droit; mais,
en revanche, le créancier obtenait facilement la concession de la jouissance
de l'immeuble, pour arriver progressivement à éteindre la dette à l'aide
des revenus. C'était le *vif-gage* [8], moyen adouci d'éviter les rigueurs de la
saisie immobilière. Cette matière est organisée avec soin dans le Code
genevois, sous le titre de *Saisie générale des revenus d'un immeuble* [9].
Dans cette législation, l'immeuble est mis en séquestre et un gérant est
nommé à l'exploitation. Du reste, à côté de ce mode, était maintenu celui
qui nous occupe; mais ce dernier a été supprimé en 1852 [10], sans doute à

(1) V TAMBOUR, *Des voies d'exécution en droit romain et dans l'ancien droit français*, tome II
p. 119 et suiv. Ce livre, d'un jeune docteur de 25 ans, est au-dessus de tout éloge.

(2) TAMBOUR, II, p. 258.

(3) LAVIELLE les a résumés (p. 526 et 527).

(4) *L genev.*, art. 471 ; *Commentaire* de BELLOT, p. 225. — Add. *Code vaudois*, art. 574. — SELIG-
MAN préconise la même idée (p. 266, 267).

(5) *C. pénal français* de 1852, art. 400; *C. pénal belge* (1867), art. 507. Je n'ai trouvé aucune
disposition semblable dans le *C. pénal d'Italie* (1859). La même lacune avait été signalée dans le
Code français de 1810. Elle vient d'être comblée à Genève par la loi du 5 juin 1869 (édition BROCHER,
p. 470, note.)

(6) C'est ce que vient de faire le *Code vaudois* (art. 549 et 550).

(7) Chap. III, art. 606-610. Add art. 589.

(8) TAMBOUR, II, p. 131-133.

(9) Tit. XXVIII, sect. III.

(10) *Loi genevoise* du 24 mars 1852, art. 20.

cause des résultats peu favorables d'une saisie de fruits avant la récolte. Pour améliorer l'institution, le Code italien laisse au préteur le soin de décider, après avoir entendu les parties, si la vente aura lieu avant ou après la séparation ; et, au second cas, ce magistrat, s'il le juge convenable, peut permettre la vente de gré à gré (1).

<h2 style="text-align:center">XXXIV.</h2>

Dans le Code français, l'instance de saisie-arrêt est une des plus compliquées et des plus coûteuses. Ses rédacteurs ont préféré suivre la procédure du Châtelet de Paris, plutôt que la marche simple et rapide tracée par Pothier. Le législateur italien a introduit en cette matière toutes les simplifications désirables, et donné satisfaction aux critiques diverses qu'avaient formulées les auteurs (2). Il distingue nettement cette procédure d'exécution de ce qu'il appelle le *séquestre conservatoire* (3), mesure provisionnelle qui correspond à la fois à notre saisie conservatoire et à notre saisie-arrêt faite sans titre, en vertu de permission du juge. Il n'en est pas question ici (4).

Au lieu d'exiger trois, et parfois quatre exploits pour entamer l'affaire (saisie, dénonciation au débiteur et assignation, contre-dénonciation, assignation du tiers-saisi), la loi nouvelle se contente de prescrire un seul et même acte par lequel, en même temps, la saisie est faite et le débiteur et le tiers saisi assignés devant le préteur, l'un aux fins de validité, l'autre aux fins de déclaration. Telle était la réforme vivement préconisée par plusieurs écrivains, et qui fonctionne très-bien à Genève (art. 472) depuis 1819, et en Sardaigne, depuis 1854. Le Code vaudois vient également de se l'approprier (art. 593). Il en était ainsi dans l'ancien droit français; c'est le seul moyen de prévenir les délais calculés et les fraudes.

Ce n'est plus dans la solitude du greffe que le tiers doit faire sa déclaration, appuyée d'une affirmation stérile. C'est au grand jour de l'audience

---

(1) V. dans le même sens SELIGMAN, p. 273.

(2) V. REGNARD. n⁰ˢ 574-583 ; *Commentaire* de BELLOT, p. 111 et suiv. ; *Revue critique*, XXII, p. 355-365 (*Utilité d'une réforme dans la procédure de saisie-arrêt.* par BOURSY); *Code italien,* chap. V, art. 611-622; Comparez *Code de Parme,* liv. III, tit. VIII (*del sequestro*) ; *Code sarde,* art. 760-778.

(3) Liv. III, tit. XI, art. 924-958.

(4) Cette distinction se retrouve également dans la Loi genevoise, tandis que dans le Code français tout est confondu. On a proposé de supprimer, comme étant de pure forme, la permission du juge. (CHARDON, *Réformes désirables et faciles dans les lois sur la procédure civile,* n⁰ XI ; REGNARD, n⁰ 580.)

qu'il doit comparaître et justifier sa position [1], sous le contrôle du juge et de la partie adverse.

Tel est le double fondement de la réforme.

Du reste, le Code n'a pas tranché les questions délicates qui s'agitent autour du jugement de validité. A-t-il l'effet d'un transport judiciaire en faveur du saisissant? Quel est le caractère de l'indisponibilité des sommes saisies-arrêtées? Comment faut-il régler le concours de plusieurs saisies, soit entre elles, soit avec des cessions consenties par le débiteur? Tout cela est resté dans le vaste champ de la controverse [2].

Le chapitre se termine par quelques dispositions nouvelles et qui méritent d'être citées (art. 619-622). Quand le tiers est débiteur de sommes exigibles, ou à 180 jours au plus tard, et qu'il n'y a ni débats ni concours d'autres créanciers, le préteur, à l'audience où se fait la déclaration, les assigne en paiement (sauf recouvrement) au créancier poursuivant, à concurrence de ses droits. S'il s'agit de sommes à écheoir à des termes plus longs, ou de rentes perpétuelles ou temporaires, le créancier peut offrir de les accepter en paiement, (les rentes perpétuelles étant rachetables à 100 livres de capital pour 5 de revenu). S'il ne fait pas cette déclaration, il est procédé à la vente [3].

Ceci m'amène à dire un mot de la saisie des meubles incorporels. Pas plus que le Code français, le Code italien n'a de règlementation complète à cet égard. On sait que chez nous, il y a, sur ce point, une lacune importante : la saisie des rentes est seule prévue, et la procédure indiquée pour parvenir à la vente est ruineuse [4]. Pour les autres droits, tels que créances, obligations et actions industrielles, on suit la forme de la saisie-arrêt, sauf au tribunal à déterminer la marche à suivre pour procéder à la vente. Il paraît devoir en être de même en Italie (v. art. 639).

XXXV.

Il s'agit maintenant d'arriver à la réalisation des objets saisis [5]. Le système français a été vivement attaqué, comme étant de nature à laisser

---

(1) Conforme *Loi genevoise*, art. 475. — Add. SELIGMAN, p. 271.

(2) V. à cet égard TAMBOUR, tome II, appendice, p. 457-494 ; et *Revue critique*, XXVI, p. 412-443 ; XXVIII, p. 385-409, où est insérée une remarquable dissertation de M. ANCELOT.

(3) Dans le même sens *C. de Parme*, art. 757-759 ; *C. sarde*, art. 771-773 ; *C. vaudois*, art. 572-595.

(4) Formes analogues à celles de la saisie immobilière. En les traçant, le législateur de 1806 a oublié que, dans notre droit moderne, toutes les rentes ont été mobilisées. Et cependant, son attention aurait dû être éveillée sur ce point par le discours de Defermon au Conseil d'État, et par les observations du Tribunat.

(5) Chap. VI, art. 623-644.

les parties à la merci de l'huissier, qui seul, à son caprice, fixe l'époque de la vente. Cette fois encore, il a suffi de prendre pour modèle la loi genevoise qui confie au juge le soin de fixer, pour le plus grand intérêt de tous, l'époque et le lieu de la vente. L'abus des remises est réprimé. Tout cela était déjà bien réglé par le Code sarde de 1854 [1].

Si, au jour indiqué, les offres ne sont pas acceptables, il est fait une nouvelle exposition. Cependant, dans l'hypothèse où il ne serait survenu ni oppositions ni interventions, le créancier poursuivant est libre de s'approprier les objets pour le prix d'estimation. Et même, lorsque la créance en capital, intérêts et frais, n'excède par 300 livres, ou que les objets saisis, fût-ce pour une plus forte créance, ne dépassent point cette somme, et qu'il n'y a pas d'autres prétendants droit, le créancier peut toujours se les faire adjuger sur estimation, sauf pour le débiteur le droit de rachat dans les dix jours. Ces dernières dispositions sont de nature à soulager, dans maintes circonstances, la petite propriété. Elles n'ont rien de commun avec l'attribution forcée des meubles saisis au créancier, expédient contraire aux principes les plus élémentaires, et que l'ancienne jurisprudence française avait fini par répudier, après l'avoir sanctionné pendant une partie du moyen-âge [2]. L'usage s'était perpétué plus longtemps en Sardaigne et en Savoie; il était temps de le proscrire. La faculté de rachat, admise par les anciennes constitutions sardes, pendant un certain délai, et à l'égard de tout adjudicataire, a également disparu; elle paralysait les enchères [3].

La distribution des deniers provenus de la vente est réglée d'une manière très simple et très rationnelle [4].

Le Code sarde maintenait encore le vieux principe : *le premier saisissant est le premier payé* [5]; et le projet soumis à la commission n'y changeait rien. On y lisait, en effet : « Le créancier saisissant est préféré aux autres créanciers non privilégiés, pour le paiement de la créance en vertu de laquelle il a valablement fait procéder à l'exécution mobilière. Entre plu-

---

(1) V. Regnard, nos 553-555; Lavielle, p. 550; Seligman, p 268, 269; *Loi genevoise*, art. 447 et suiv. ; *Commentaire* de Bellot, p. 208 et suiv. · *Code sarde* de 1854, art. 697 et suiv.; de 1859, art. 724 et suiv.

(2) Tambour, II, p. 232-236.

(3) V. le *Commentaire* de Bellot, p. 212, 213. Des règles du même genre s'appliquaient aux immeubles (ibid , p. 256, 257); et il en est encore ainsi chez quelques nations.

(4) Chap. VIII, art. 650-654. Add. *Code de Parme*, 882-891 ; *Code sarde*, 779-784. Cette matière a grand besoin de simplifications dans le Code français. Un *essai de réforme* a été présenté par Boursy. en 1862, mais il est peu satisfaisant. L'étude de Regnard (nos 562-572) renferme plus d'idées utiles.

(5) Sauf les priviléges, art. 780. Add. *Réglem. toscan*, art. 859.

sieurs créanciers qui ont fait la saisie conjointement, la distribution se fait par contribution. »

On disait à l'appui de cette thèse, encore en vigueur dans une partie de l'Allemagne et dans plusieurs cantons suisses : *Jura vigilantibus sup pediunt ; prior tempore potior jure.* Dans l'intérêt public, comme dans l'intérêt privé, il faut empêcher que chacun des créanciers, ignorant le nombre possible des concurrents, et craignant de ne pas être payé malgré les soins qu'il prend, ne se laisse induire à saisir tous les biens du débiteur, au lieu de se restreindre à ceux qui suffiraient pour éteindre sa créance.

Mais le rapport du garde des sceaux nous fait connaître les motifs du rejet de cette proposition, repoussée également en France et dans le canton de Genève[1]. Les voici : « Ce privilége n'est pas conforme aux principes. Les principes attestent que les priviléges dérivent de la nature intime de la créance, non d'une circonstance qui lui est extrinsèque ou accidentelle [2]. Dans le système du projet, l'expérience le prouve, à peine le débiteur tombe-t-il en mauvaise fortune que chacun des créanciers se hâte d'agir pour se procurer le prix de sa diligence. Au lieu de procéder d'accord, ils procèdent à l'insu l'un de l'autre. Ainsi, et par l'accumulation des frais, ils préparent sûrement la ruine du débiteur. Les créanciers les plus dignes d'intérêt, les veuves, les mineurs, les absents, se voient primés par des créanciers plus adroits, plus actifs et mieux informés. »

Le système du Code est plus juste et plus avantageux, soit aux créanciers, soit au débiteur. La saisie est réputée faite dans l'intérêt commun ; tous les créanciers, sauf les privilégiés, sont colloqués au même degré, et le débiteur n'est plus ainsi exposé à des procédures précipitées et multiples.

C'est dans cet esprit qu'a été rédigé l'art. 651. Même pendant l'instance en distribution, tout créancier peut produire ; mais cependant les créanciers qui interviennent postérieurement à la vente ne peuvent participer aux répartitions au préjudice du poursuivant et des opposants (art. 655), eux qui ont mis la procédure en mouvement et en ont, dès le principe, couru toutes les éventualités. « Il convient, dit encore M. Vacca, de punir ainsi la négligence souvent coupable, quelquefois dolosive, de ceux qui s'avisent de vouloir profiter du litige, alors seulement que les résultats avantageux en sont définitivement assurés. »

(1) V *Commentaire* de Bellot, p. 220, 221.

(2) La commission du Code de procédure a transmis sa délibération à la commission du Code civil, qui y a pleinement adhéré (*Rapport* de M. Vacca).

XXXVI.

Vient enfin l'*Exécution sur les biens immeubles* du débiteur ou du tiers détenteur [1]. En France, cette matière arduc, autour de laquelle s'agitent de multiples intérêts, a été bien des fois remise sur le métier, depuis la loi du 9 messidor an III qui s'était exclusivement préoccupée du crédit hypothécaire, et qui, au surplus, n'a jamais été mise en vigueur. Lors de l'élaboration du titre **XIX** du Code civil (*De l'expropriation forcée*), il s'agissait de savoir si l'on reviendrait à l'ancien système des *saisies réelles*. Grâce à la résistance du tribunal de cassation, la question fut ajournée, et l'on resta provisoirement sous l'empire de la loi du 11 brumaire an VII, qui traçait une marche excellente. Mais en 1806, les praticicus triomphèrent, malgré l'opposition de plusieurs cours d'appel, et le Code de procédure civile vint donner le coup de grâce au crédit foncier. Les plaintes très vives qui s'élevèrent de toutes parts forcèrent le gouvernement à mettre à l'étude la révision de cette législation absurde, qui amenait à la fois la ruine des créanciers et celle des débiteurs, au profit exclusif du fisc et des praticiens; et, après des travaux préparatoires, plusieurs fois abandonnés et repris, fut enfin votée la loi du 2 juin 1841, encore en vigueur aujourd'hui. Cette loi n'obeit à aucun principe dirigeant : on chercha seulement à faire disparaître un certain nombre de formalités par trop inutiles. Son commentaire est tout entier dans cette déclaration officielle du garde des sceaux : « Les formalités prescrites par le Code étaient au nombre de 23 ; le projet les réduit à 12. La durée de la procédure variait de 8 mois à un an ; elle n'est plus que de 4 à 8 mois. Les frais s'élevaient en moyenne de 6 à 700 francs : ils sont réduits à moitié de cette somme. »

L'application de cette loi n'a pas été moins fertile en abus de toutes sortes, que celle de son ainée ; il n'en pouvait être autrement, alors surtout que la loi avait été bientôt accompagnée d'un détestable tarif, obtenu par l'influence des officiers ministériels. D'ailleurs, on ne fera jamais rien de satisfaisant en cette matière, tant que le régime hypothécaire du Code civil restera debout. C'est par là qu'il fallait commencer le travail de révision.

On le comprit en 1850, et les deux rapports présentés par M. de Vatimesnil à l'assemblée nationale législative, menaient de front les deux réformes. Bientôt l'avènement de l'empire fit remettre à d'autres temps l'étude de ces questions vitales.

[1] Tit. III, chap, I, art. 639-707. Ad l. *C. civ. italien*, art. 2076-2089 ; *C. sarde*, art. 785-848.

Dans ces dernières années, la commission instituée au ministère de la justice a préparé un projet, qui, remanié par le Conseil d'Etat, a été présenté au corps législatif, à la séance du 19 novembre 1867, avec un rapport de M. Riché[1]. Ce projet, long et diffus, ne renferme aucune innovation de quelque importance. Beaucoup de détails sont pourtant simplifiés : on y trouve un grand nombre d'articles réglementaires et de tarif qui figurent assez mal dans une œuvre législative. Du reste, ce projet parait abandonné par le ministère Ollivier[1].

Voilà ce qui, à diverses époques, a été accompli ou tenté en France. La Belgique a, sur la matière, une loi du 15 août 1854, qui embrasse à la fois l'expropriation forcée et la saisie immobilière. Cette loi avait été précédée de la révision du régime hypothécaire, à la date du 16 décembre 1851. Le système belge se rapproche, sous plusieurs rapports, de celui de brumaire ; il est incontestablement supérieur au nouveau système français, auquel pourtant il a emprunté bon nombre de dispositions ; il est néanmoins susceptible de grandes améliorations.

Tous les pays qui avaient eu le malheur de subir de joug impérial, ont depuis longtemps répudié les dispositions du Code de 1806 sur la saisie immobilière. Il en a été ainsi en Hollande, dans la Prusse rhénane, dans l'électorat de Hesse, en Bavière, dans le grand duché de Luxembourg[3], dans le canton de Genève[4]. La Prusse vient d'être dotée d'une assez bonne loi sur la Subhastation (15 mars 1869).

Revenons à l'Italie. Le royaume de Naples révisa la matière en 1819, puis en 1828. Dans le duché de Parme, une révision du même genre fut opérée[5]. Enfin, dans le Code sarde de 1854, et dans celui de 1859, nous trouvons beaucoup d'idées dont le législateur italien a profité. Pour porter une appréciation générale de son œuvre, je crois ne pas trop m'avancer en disant que c'est la conception la plus remarquable et la plus bienfaisante

---

(1) Aujourd'hui président de section au Conseil d'État. Son rapport a 150 pages in-4° (édition officielle). Le projet n'a pas moins de 178 articles ; il est vrai qu'il traite aussi des partages et de la purge des hypothèques.

(2) V. *Rapport* de M. Ém. Ollivier, garde des sceaux, présenté à l'empereur, le 12 mai 1870. Pour être juste, il faut rappeler ici les excellents travaux critiques dus aux jurisconsultes français, notamment les suivants : Piogey, *De l'influence des lois de procédure civile sur le crédit foncier en France* (1855). Vraye, *L'Agriculture et la propriété en face des lois fiscales, des lois de procédure et de la vénalité des offices* (1870). Add. Regnard, n°s 586-669 ; Lavielle, ch. VIII ; Bordeaux, p. 561 et suiv. ; Seligman, p. 277-333 ; Chardon, n° XV.

(3) L 12 oct. 1844, copie presque textuelle de la Loi française de 1841.

(4) Tit. XXIX de la *Loi de procédure* (art. 514-651), légèrement modifiée par la Loi du 24 mars 1852.

(5) *Code de Parme*, art. 815-880. Comparez, au tome VI de la *Revue étrangère et française* (1859), un article de Foelix (*Législation comparée sur la vente judiciaire des immeubles*).

qui ait jusqu'ici été promulguée dans aucun pays de l'Europe. Elle mérite donc d'être étudiée avec soin, au moins dans ses bases essentielles.

XXXVII.

Pour l'intelligence de ces dispositions, il faut les rapprocher du titre XXVI, livre III, du Code civil italien. La loi belge a bien fait de réunir les règles de l'expropriation forcée à celles de la saisie immobilière : il y a une connexité évidente. Elle a fait disparaître les art. 2206 et 2212, et le législateur italien a fait de même. L'art. 2206 prescrivait, à tort, la discussion préalable du mobilier des mineurs. C'était la consécration d'un usage général des pays de coutume qui avaient refusé d'appliquer à la lettre l'ordonnance de 1539 prohibitive de cette discussion « pour abréger le chemin aux trompeurs qui jamais ne veulent ouyr parler de payer leurs dettes, et qui latitent et cachent leurs meubles [1]. »

La loi de Genève a également condamné cette mesure comme frustratoire et onéreuse [2]. Le code de Parme s'était borné à la restreindre (art. 821 et 822) ; il l'écartait au cas d'indivision entre majeurs et mineurs, et au cas de décès du débiteur laissant des héritiers en minorité. L'intérêt bien entendu du débiteur et du créancier voulait qu'on la supprimât tout à fait.

Une autre entrave à l'expropriation se remarquait dans l'art. 2212 du Code français ; elle consistait dans le droit pour le débiteur de déléguer une année de ses revenus pour éteindre la dette. La loi genevoise de 1819 a respecté cette entrave (art. 522), et même la loi du 24 mars 1852 a étendu jusqu'à trois ans cette faculté de délégation. Rien de semblable ne se retrouve dans le code italien, ni dans la loi belge. Bellot lui-même avouait que cette hypothèse serait très-rare. Il faut s'en rapporter au créancier : tous les biens du débiteur lui servent de gage au même titre ; à lui de choisir la voie la plus rapide et la plus sûre pour obtenir son payement. Des dispositions restrictives sont de nature à influer défavorablement sur le crédit (ci-dessus, n° XXXII).

Pour le surplus, les règles de l'expropriation forcée ne présentent rien de saillant. Au point de vue des personnes qui peuvent l'exercer, de celles qui doivent s'y soumettre, enfin des objets qui rentrent dans cette voie d'exécution, la nouvelle législation est calquée sur le code français.

---

[1] LEMAISTRE, cité par TAMBOUR. V. cet auteur, II. p. 217-219.
[2] *Commentaire* de BELLOT, p. 252.

En présence des frais énormes qu'entraîne l'expropriation, on a parfois songé à en déclarer exemptes les parcelles de peu de valeur. C'est ainsi que, dans les travaux préparatoires de la loi française de 1841, plusieurs tribunaux et quelques économistes voulaient que l'unique champ du pauvre fût, comme son lit et ses outils, déclaré insaisissable [1]. Au sein de la dernière commission qui s'est occupée de la matière, il fut proposé que les propriétés rurales au-dessous d'un certain chiffre de contribution ou d'une certaine étendue, fussent affranchies de l'expropriation [2]. Mais, à ma connaissance, aucune législation n'a osé entrer dans cette voie périlleuse et fertile en difficultés pratiques.

Un autre remède à l'excès des frais et lenteurs de cette procédure est la stipulation dite de *voie parée*, autorisée chez nous sous certaines conditions, proscrite chez nos voisins [3]. On entend par là un mandat irrévocable, donné dans l'acte de prêt aux créanciers, de faire vendre l'immeuble à l'échéance, à défaut de paiement, sans passer par toutes les formalités de justice. J'aurais aimé à retrouver cette clause dans le Code italien; mais il garde le silence, s'abstenant de la proscrire ou de la sanctionner. Je crois avec M. Lavielle, qui a écrit sur ce sujet des pages entrainantes [4], que cette clause est de nature à produire les meilleurs effets, et n'offre aucun danger sérieux, pourvu qu'elle soit placée, comme le disait la cour de cassation de Paris, sous la triple garantie de la mise en demeure, de la publicité et de la concurrence [5]. Cependant, le projet français de 1867 persiste à la condamner.

XXXVIII.

D'après le Code français, après un commandement de trente jours, l'huissier doit se transporter sur les lieux, pour saisir *réellement* les immeubles dont il donne la description. C'est le procès-verbal de saisie, dont M. de Vatimesnil proposait la suppression en 1830. Le projet de 1867 maintient cette exigence [6]. Elle a pourtant été supprimée à Genève, comme n'étant d'aucune utilité et coûtant fort cher. Dans ce pays, on en est

(1) Campenon, *Révision du Code de proc. civ.* (1867), p. 112.

(2) *Rapport* de M. Richié, p. 22.

(3) *L. fr.* 2 *juin* 1841, art. 742. Loi belge du 15 août 1854, art. 90.

(4) Chap. VIII, nos 6-19 ; p. 387-424.

(5) V, ma dissertation insérée dans la *Belgique judiciaire*, XXVII, p. 18 et suiv. Add. Chardon, no XIV. *Revue étrangère et française*, 1850, p. 257 (article de Serrigny).

(6) V. *Rapport* de M. Richié, p. 35-37.

revenu au système de la loi de brumaire : l'apposition de placards ou d'affiches imprimées vaut saisie[1]. En Belgique, le transport de l'huissier a été également supprimé : il est remplacé par un extrait de la matrice cadastrale, et l'exploit de saisie doit être transcrit au bureau des hypothèques. La transcription est la seule mesure qui soit conforme aux principes du droit moderne. Comme on l'a judicieusement fait observer [2], la nécessité du transport est venue de l'ancienne doctrine qui exigeait la tradition pour la transmission de la propriété. De là la saisie *réelle* et le *bail judiciaire*, dont l'objet était de placer l'immeuble sous la main de la justice. Mais aujourd'hui cette doctrine n'est plus de mise. C'est ce que le législateur italien a fort bien compris. Et même, c'est le commandement lui-même qui doit être transcrit; les immeubles dont l'expropriation est poursuivie y sont indiqués en détail, et cette transcription produit tous les effets de la saisie [3].

Une autre simplification doit être notée. Aujourd'hui copie entière du titre doit être donnée. Le Code italien se contente de l'indication avec offre de communiquer, ce qui est bien suffisant. Cette fois, le nouveau projet français est conforme.

Après les trente jours, le créancier peut poursuivre la vente des immeubles désignés au commandement. L'art 663 lui laisse l'option, soit de requérir l'expertise, soit de faire, dans l'acte de citation aux fins d'obtenir permission de vendre, l'offre d'un prix qui ne soit pas inférieur à soixante fois l'impôt foncier, s'il s'agit de pleine propriété, à trente fois s'il s'agit d'usufruit ou de nue propriété.

Cette disposition est fort importante; elle a été précédée d'une vive discussion, dont M. Vacca nous a conservé les éléments dans son rapport.

D'après le Code sarde de 1859, le créancier poursuivant n'avait pas d'option : il était tenu de présenter, comme première enchère, un prix représentant au minimum cent fois l'impôt direct payé à l'État, et s'il ne se trouvait pas d'amateur, le bien lui était adjugé à ce taux. Rien de plus injuste que cette marche, maintenue cependant par le projet ministériel. On lui reprochait, non sans raison, d'être en opposition avec le principe qui défend d'imposer au créancier l'obligation de recevoir *aliud pro alio*.

---

(1) Art. 523, et *Commentaire* de BELLOT, p. 258.

(2) REGNARD, n° 601.

(3) Voir dans le même sens PIOGEY, p. 124, et le *Décret français* du 28 fév. 1852, sur le Crédit foncier. La Loi belge a fait un timide essai pour atteindre le même but. Elle *permet* la transcription du commandement, au lieu de l'ordonner (*L.* de 1854, art. 15 et 18).

Il est des cas où celui-ci ne peut ou ne veut faire l'acquisition. Dès-lors il se voit réduit à l'inaction ; peut-être même devra-t-il sacrifier ses droits à des créanciers mieux favorisés par les ressources dont ils disposent, ou doués de plus d'initiative. D'un autre côté, rien de plus variable que l'assiette de l'impôt ; une grande inégalité existe de province à province. Maintenir la disposition critiquée, c'eût été rendre impossible l'expropriation dans certaines localités.

Ce système fut donc rejeté par la commission. Restaient en présence le système de la mise à prix : c'est celui du Code français et de la loi genevoise ; et le système de l'estimation préalable, jadis usité en Lombardie, à Parme, dans le royaume de Naples, et dans le Grand-Duché de Toscane [1].

Mais, continue le rapport du garde des sceaux, le système de la mise à prix est trop étranger aux usages des diverses provinces de la péninsule, pour qu'il soit possible de l'adopter. Introduit dans le Code napolitain de 1819, il a été abandonné dès 1828. Même en France où il est en vigueur, on ne se dissimule pas ses nombreux inconvénients. Aucun minimum n'étant fixé par la loi, les mises à prix sont trop souvent dérisoires, ce qui peut entraîner la ruine des débiteurs. On sait, en effet, que la rescision pour lésion n'est pas admise contre les ventes faites d'autorité de justice [2].

C'est dans l'impossibilité de satisfaire tous les intérêts que l'article 663 consacre un système mixte dont il est permis d'espérer de bons effets. Toutefois, l'expertise étant de nature à engendrer des lenteurs et des frais parfois considérables, il est au pouvoir de tout créancier de l'empêcher, en faisant l'offre sur le pied ci-dessus (art. 664).

XXXIX.

La rédaction et l'expédition du cahier des charges sont encore, dans notre procédure, l'occasion d'une grosse dépense qu'il serait facile d'éviter. On a proposé d'inscrire dans la loi les conditions générales qui se retrouvent dans tous les documents de cette espèce : c'est toujours le même protocole [3]. En Italie, les choses se passent très simplement : dans l'acte même de citation sont indiquées les conditions de la vente ; il n'y a donc plus de cahier des charges ; la loi de brumaire ne connaissait pas davan-

---

(1) *Code de Parme*, art. 836-840 ; *Loi napolitaine*, du 29 déc. 1828 ; *Motu proprio* toscan, du 7 janvier 1838.

(2) *C. civ. franç.*, art. 1684. V., pour l'appréciation critique de cette disposition, ma dissertation dans la *Belg. jud.*, XXIII, p. 152, 153 Add. Bordeaux, p. 563.

(3) Regnard, n° 602 ; Seligman, p. 301.

tage ce rouage superflu et onéreux. Dans le jugement qui ordonne la vente, le tribunal signale les modifications qu'il juge à propos (art. 665 et 666).

La séance d'enchères est tenue par le greffier. Chez nous, depuis 1854, les ventes sur expropriation ont été rendues aux notaires, à l'intervention du juge de paix du canton. En France, le tribunal retient la vente ou en prononce le renvoi, à son choix. Entre ces diverses méthodes, celle de la loi belge est la préférable; elle met les biens à la portée du plus grand nombre; le notaire est, par ses fonctions, infiniment plus apte à faire des ventes qu'un juge ou un greffier. D'après le projet français de 1867, il faudrait distinguer entre les grandes et les petites propriétés, pour retenir seulement les premières à l'audience des criées. Cette distinction manque de base. Elle est critiquée par tous les juristes qui se sont occupés de la matière.

Quelles sont les personnes admises à la séance d'adjudication ? Le monopole des procureurs a disparu. Il ne s'est jamais relevé du coup mortel que lui a porté le savant rapporteur genevois [1]. Rien de semblable n'existait ni dans la loi de messidor, ni dans celle de brumaire. En Italie, chacun peut enchérir pour son compte, en personne ou par mandataire spécial; seules les acquisitions ensuite de command sont réservées aux procureurs : c'est déjà trop. Un dépôt préalable est exigé des enchérisseurs, pour couvrir approximativement les frais de l'enchère, de la vente et de la transcription. En outre, il faut, à moins d'en être dispensé par le président, consigner le dixième du prix (art. 672). Ces dernières prescriptions devraient être supprimées; elles sont de nature à éloigner les amateurs ; et c'est pour cette raison qu'on n'en a pas voulu dans le canton de Genève.

Au cas d'estimation, s'il n'y a pas d'enchère, le tribunal remet la séance, en réduisant l'estimation d'un dixième au moins, et ainsi de suite, jusqu'à ce qu'on trouve amateur (art. 674). Dans tous les cas, le droit de surenchère est ouvert pendant quinzaine; la surenchère doit être d'un sixième au moins (art. 680). Ce droit n'existait pas dans la loi de brumaire, on ne le retrouve pas davantage dans la loi belge; mais il a toujours été maintenu en France depuis 1806, dans la loi de 1841, et dans les divers projets. Il en est de même à Genève, et je pense que c'est là une chose fort utile [2]. La surenchère produit les meilleurs effets dans les ventes volontaires ; il serait illogique de la repousser dans les adjudications sur saisie.

---

(1) *Commentaire* de BELLOT, p. 284. Add. REGNARD, n° 604 ; BORDEAUX, p. 569, 570, note.

(2) V. *Comment.* de BELLOT, p. 287 et suiv.; *Rapport* de M. RICHÈ, p. 57; REGNARD, n°ˢ 654 et 69-5-652

L'adjudication sur expropriation forcée ne transmet à l'acquéreur d'autres droits que ceux qui appartenaient au saisi. Ce principe, qui règne sans partage, depuis 1806, dans la législation française et dans la législation belge, a été maintenu avec raison dans le nouveau Code [1]. La loi genevoise, au contraire, en est revenue à l'ancienne maxime : *le Décret purge la propriété*. Les motifs qu'on a fait valoir à l'appui de cette thèse [2] sont loin d'être concluants ; et ils ont été si péremptoirement réfutés [3], que ce serait un hors-d'œuvre de ma part de traiter ici la question. Dans le système organisé en Italie pour assurer la publicité des droits réels, les inconvénients de l'application du principe disparaissent pour la plupart.

<h2 style="text-align:center">XL.</h2>

Les immeubles étant vendus, il faut en régler le prix. Tel est l'objet de la procédure d'ordre.

Le titre *de l'Ordre*, au Code de procédure civile de 1806, est encore l'un de ceux qui ont excité les plaintes les plus amères. On y a partiellement donné satisfaction en France par la loi du 21 mai 1858, qui nous a emprunté aussi la tentative d'ordre amiable, introduite dans notre loi de 1854. Mais il y a beaucoup à faire pour mettre le système à l'abri de tout reproche. La loi de 1858 est longue, diffuse, embarrassée par des détails hétérogènes ; elle a d'ailleurs négligé le point essentiel signalé par les auteurs : la nécessité de faire marcher de front l'expropriation forcée et la procédure d'ordre entre les créanciers. Cette réforme importante, opérée dès 1819 à Genève [4], repoussée plus tard par le Code sarde, a définitivement triomphé dans le Code italien. Par le jugement même qui ordonne la vente, le tribunal déclare ouverte l'instance d'ordre, et enjoint aux créanciers inscrits de déposer au greffe leur demande de collocation motivée, et les pièces justificatives, dans les trente jours de l'apposition des placards (art. 666). Déjà autrefois, les parlements de Bordeaux et de Dijon avaient mis en vigueur cette pratique, et elle était approuvée par Denizart : « Ainsi, disait-il, ou ne vend pas plus de biens qu'il n'en faut, et le créancier peut toucher sa collocation des mains de l'adjudicataire, le jour même de la vente. » Je ne m'attacherai pas à réfuter les objections qui ont été faites

<hr>

(1) *C. italien*, art. 686 ; *C. sarde*, art. 846.

(2) *L. genev.*, tit. XXIX, sect. 17 ; *Commentaire* de BELLOT, p. 299-304. Add. CHARDON, n° XVI.

(3) REGNARD, n°s 605-612.

(4) *L. genevoise*, tit. XXX, art. 632-681 ; *Commentaire* de BELLOT, p. 312 et suiv. — Dans le même sens : *projet français* de 1850.

contre cette marche simple et logique. Cela a déjà été fait, et bien fait [1].

Le législateur italien a emprunté à la loi française de 1858 l'idée de confier, dans les tribunaux importants, la mission de dresser les ordres a un juge spécial, nommé à cette fin, à l'instar du juge d'instruction en matière criminelle. Je ne partage pas l'enthousiasme des écrivains français pour cette institution. On l'avait imaginée à cause des abus signalés dans cette partie des attributions judicaires ; il était notoire, en effet, que presque partout le juge se reposait sur le greffier ou sur l'avoué du poursuivant, du soin de faire le travail préparatoire ; mais le remède a-t-il été efficace ? J'en doute fort. La paresse inhérente à la nature humaine, la routine, la complaisance, auront sans doute fait triompher les anciens errements. La confection des ordres est trop souvent une besogne de comptable, ces questions de chiffres sont rebutantes ; et en imposer l'étude d'une manière permanente au même magistrat, c'est à coup sûr l'en dégoûter profondément. L'exemple du juge d'instruction est là pour attester qu'il n'est pas bon de tourner toujours dans le même cercle.

Un système de délais sagement calculés est substitué à l'absence de toute direction, qui se faisait remarquer dans les dispositions du Code de 1806. Quatre fois le mouvement de la procédure retombait à la discrétion du poursuivant, ou plutôt de son avoué ; et le remède de la subrogation, tel qu'il était organisé, était absolument illusoire [2]. Aussi n'est-il pas rare, chez nous et chez nos voisins, de voir des ordres se prolonger plusieurs années, même en l'absence de contredits. Un tel scandale n'est pas possible dans la nouvelle législation italienne.

Une autre amélioration notable a été adoptée. Il s'agit de la comparution des créanciers devant le juge (art. 711-713). En France, cette comparution est prescrite pour l'essai de conciliation, mais non pour l'ordre judiciaire, (ce qui me paraît une forte contradiction), en sorte que chacun fait d'interminables écritures en *a parte*, suivant l'ingénieuse expression de **M.** Bordeaux, sans contrôle, sans débats : l'intervention du juge est pourtant de nature à aplanir bien des difficultés, à éclaircir les doutes, à éviter des lenteurs et des frais.

D'autres points accessoires mériteraient encore d'être signalés [3], mais

(1) REGNARD, uos 683, 684. Add. CHARDON, no XIX, BORDEAUX p. 578 ; SELIGMAN, p. 548.

(2) CHARDON, no XIX. Il est vrai que la *Loi française* de 1858 (art. 776) prononce la subrogation de plein droit.

3) Une disposition qui ne me paraît pas heureuse est celle de l'art. 717 : elle ajourne jusqu'après l'homologation de l'état de collocation, la liquidation à faire entre les créanciers ; et, en cas de désaccord, lejugeconfie cette mission à un expert. Chez nous, le règlement dressé par le juge comprend

le cadre que je me suis tracé m'impose le devoir de me tenir aux généralités du sujet.

Je termine ici les réflexions que j'avais à présenter sur l'organisation de la procédure contentieuse en Italie.

En déposant la plume, je n'ai plus qu'à me féliciter d'avoir été appelé par mes études législatives, à apprécier dans ses points fondamentaux l'œuvre nouvelle dont la péninsule s'est vue dotée par d'éminents jurisconsultes. Suivant l'occurrence, j'ai distribué sans ménagement le blâme et l'éloge. J'espère qu'on me saura gré de ma franchise : c'est ainsi que toute œuvre sérieuse doit inspirer le critique impartial. Puisse ce travail engager ceux qui le liront à faire personnellement une connaissance plus intime avec un Code aussi remarquable par la science de ses auteurs, que par l'esprit libéral qui y a présidé !

à la fois la collocation et la liquidation. — Je citerai encore l'art. 714 pour les productions tardives. Elles sont reçues, moyennant par le créancier de supporter les frais qui en sont la conséquence. La *Loi française*, au contraire (art. 755) prononce la forclusion. Cette rigueur a été vivement critiquée par M. Lavielle (chap. IX, n°s 13-20). A l'imitation de la *Loi genevoise* (art. 659-668), le Code sarde réglait la marche à suivre pour la *collocation des créances à terme, conditionnelles, etc.* (art. 866,867). Ces dispositions ont disparu ; le législateur italien se réfère donc, comme les rédacteurs du Code de 1806, aux principes généraux du droit civil.

TABLE DES MATIÈRES.

PREMIÈRE PARTIE.

SECONDE PARTIE.

TROISIÈME PARTIE.

QUATRIÈME PARTIE.

9 782014 036435